LA
VILLE DE MARSEILLE

L'INSURRECTION

DU 23 MARS 1871

ET

LA LOI DU 10 VENDÉMIAIRE AN IV

LA
VILLE DE MARSEILLE

L'INSURRECTION

DU 23 MARS 1871

ET

LA LOI DU 10 VENDÉMIAIRE AN IV

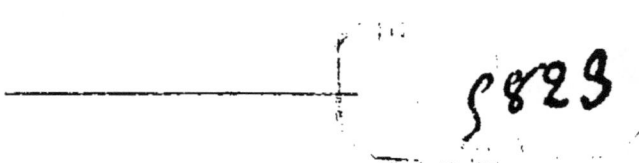

PARIS
TYPOGRAPHIE GEORGES CHAMEROT
19, RUE DES SAINTS-PÈRES, 19

1874

LA
VILLE DE MARSEILLE

L'INSURRECTION

DU 23 MARS 1871

ET

LA LOI DU 10 VENDÉMIAIRE AN IV

I

La ville de Marseille a eu le malheur de voir ses rues devenir, dans la journée du 4 avril 1871, le sanglant théâtre de la guerre civile.

L'insurrection s'était, le 23 mars précédent, emparée sans coup férir de la préfecture, et depuis lors l'anarchie régnait dans la ville. Retranchés derrière les murs épais du palais préfectoral, dont ils avaient fait une citadelle, les insurgés furent attaqués le 4 avril par les troupes placées sous le commandement du général Espivent de la Villesboinet. Ils résistèrent. Le combat se prolongea pendant toute la journée. Pour déloger les factieux de la préfecture, l'énergique général dut recourir à un bombardement. La canonnade dura plusieurs heures. Ce ne fut qu'à la fin du jour que la forteresse insurrectionnelle fut conquise et l'ordre enfin rétabli dans la cité.

Il était impossible qu'une telle victoire ne fût

pas chèrement achetée. Non-seulement il y eut à regretter la perte de soldats frappés dans l'accomplissement du devoir, au milieu de cette lutte meurtrière, mais encore un certain nombre d'habitants furent tués ou blessés, même parmi ceux qui ne prirent aucune part au combat. De plus, diverses maisons situées aux alentours de la préfecture ont été, soit au dehors, soit à l'intérieur, endommagées par des explosions d'obus.

Les victimes de ces accidents ont actionné la ville de Marseille et ont demandé contre elle l'application de la loi du 10 vendémiaire an IV. Le Tribunal de Marseille, et ensuite la Cour d'Aix, ont décidé que les accidents occasionnés par la répression du 4 avril 1871 engagent la responsabilité particulière édictée contre les communes par la loi de l'an IV, et de larges indemnités ayant été accordées aux premiers réclamants, de nombreuses et lourdes condamnations ne cessent maintenant de frapper la commune de Marseille. Le succès des premières demandes en a fait surgir d'autres; elles vont se multipliant, et il n'est presque pas de jour qui n'en voie éclore de nouvelles.

La ville s'est pourvue en cassation contre toutes les décisions qui l'ont condamnée en dernier ressort. C'est maintenant à l'autorité décisive de la Cour suprême qu'il appartient de dire si la loi de vendémiaire an IV a été, en cette circonstance, à bon droit appliquée.

La ville de Marseille a soutenu devant les juges de première instance et devant la Cour d'appel, et elle soutiendra devant la Cour de cassation, que la loi de vendémiaire n'a pas été faite en prévision d'éventualités semblables à celles qui se sont produites le 4 avril; que l'insurrection qui s'est rendue maîtresse de la préfecture le 23 mars et a pesé sur la cité jusqu'à sa défaite du 4 avril, n'est pas du nombre de ces tentatives qu'une commune peut toujours prévenir ou, du moins, réprimer avec ses propres moyens d'action, et dont elle doit réparer les conséquences dommageables quand elle a manqué à ce devoir, sanctionné par la loi du 10 vendémiaire an IV; et que, conséquemment, la commune de Marseille doit être exonérée de toute responsabilité à raison d'événements qu'elle n'a pas provoqués, auxquels elle n'a pas concouru, qu'il lui a été impossible d'empêcher et encore moins de réprimer.

Afin que l'on puisse apprécier si la ville est fondée dans son système de défense, si elle a raison de repousser l'application qu'on veut lui faire de la loi de l'an IV, il faut connaître en quoi ont consisté les événements accomplis à Marseille du 23 mars au 4 avril 1871, il faut déterminer le véritable caractère que ces événements ont eu, et pour cela il est indispensable de faire un exposé aussi complet que possible de tous les faits qui se sont passés pendant cette funeste période, en commençant par jeter un coup d'œil rapide sur la situation de Marseille à partir du 4 septembre.

II

Quelque irrégulier que soit le procédé par lequel le système républicain s'est substitué au régime impérial, quelque regrettables qu'aient été, notamment à Marseille, les particularités au milieu desquelles le gouvernement nouveau s'est mis en possession du pouvoir, on peut dire que la nation entière l'a accepté, ou du moins s'est résignée à lui obéir, résolue à ne se préoccuper que de la défense nationale, voulant oublier tout autre intérêt jusqu'au jour où elle serait débarrassée de l'invasion étrangère. Ce sera l'honneur des gens de bien que d'avoir fait ainsi abnégation de tout regret, de toute ambition, de toute préférence, pour ne pas se laisser détourner du soin de délivrer le sol français foulé par les armées ennemies.

A Marseille, il faut bien le dire, cette résignation fut soumise à de rudes épreuves.

Un des premiers actes du gouvernement de la Défense nationale avait été d'envoyer M. Esquiros à Marseille avec la qualité d'administrateur supérieur du département des Bouches-du-Rhône. A son arrivée, M. Esquiros maintint au-dessous de lui, comme préfet, M. Labadié, qu'il avait trouvé remplissant ces fonctions depuis le 5 septembre. Celui-ci donna sa démission quelque temps après, et M. Delpech lui succéda au même titre.

Avec quelque modération que l'on veuille juger l'administrateur supérieur, il est impossible de ne pas constater qu'il donna les marques d'une extrême faiblesse de caractère, qu'il se montra dépourvu des capacités nécessaires pour exercer l'autorité importante qui lui avait été conférée. Sous son administration, Marseille vit se dérouler toute cette série d'incidents pénibles que nous n'avons pas à raconter ici, mais dont le rapport de M. de Sugny à l'Assemblée nationale contient l'affligeante histoire[1]. Dominé par un « Conseil départemental » auquel l'Internationale dictait ses inspirations, tyrannisé par une troupe de prétoriens qui s'étaient dès le premier jour installés à la préfecture et avaient pris le nom de « gardes civiques », M. Esquiros laissa se commettre les actes les plus regrettables : arrestations arbitraires, incarcérations illégales, visites domiciliaires, envahissement et pillage de couvents. Et, digne couronnement de tous ces attentats, on vit un jour la justice violée, le tribunal envahi, les juges sommés, par les civiques en armes, de prononcer une condamnation, et, sur leur refus, les

[1] Rapport fait au nom de la commission d'enquête sur les actes du gouvernement de la Défense nationale (sous-commission du Sud-Est), par M. de Sugny, membre de l'Assemblée nationale.

magistrats enlevés de leurs siéges et le défenseur du prévenu arraché de la barre, pour être conduits en robes à la préfecture, et là, outragés par M. Esquiros même !

III

Le pouvoir de M. Esquiros dura jusqu'à la fin d'octobre. Bien qu'il eût plusieurs fois envoyé à Tours sa démission, il n'avait jamais paru sérieusement disposé à quitter la place. La Délégation se décida enfin à lui donner un successeur et désigna M. Gent.

M. Gent se mit aussitôt en route pour prendre possession de son poste. Il arriva à Marseille le 2 novembre. Sa venue coïncida avec une crise terrible qu'elle aggrava, mais dont elle précipita le dénouement.

La nouvelle de la capitulation de Metz avait, à Paris, déterminé l'explosion des événements du 31 octobre. Il est à remarquer que les mouvements insurrectionnels qui éclatent en province ne sont le plus souvent que le prolongement, le contre-coup des commotions de Paris. La journée du 31 octobre produisit à Marseille la journée du 2 novembre, comme nous verrons plus tard le 18 mars parisien engendrer le 23 mars à Marseille[1].

[1] « Il est permis de trouver étrange, dit M. de Sugny dans son

A Marseille, comme à Paris, le désastre de Metz fut le prétexte dont la démogagie s'empara. Tout semblait concourir à rendre certaine sa victoire.

La capitulation de Bazaine et la chute de Metz consternaient les cœurs honnêtes et surexcitaient les esprits ardents. A la préfecture, l'administrateur Esquiros était démissionnaire ; mais il paraissait résolu à ne point déposer le pouvoir, fallût-il pour le conserver se mettre en révolte contre le gouvernement de Tours, et des manifestations bruyantes réclamaient impérieusement son maintien. Le préfet Delpech donnait aussi sa démission pour devenir général de brigade dans l'armée de Garibaldi, et il signalait son départ en dissolvant le Conseil municipal qui, pourtant, entièrement composé de républicains, ne fonctionnait que depuis le 4 septembre, et il le remplaçait par une commission provisoire où ne figuraient que des radicaux. Mais avant que cette commission pût s'y installer, l'hôtel de ville tom-

---

rapport, p. 105, que le même jour à Paris, à Lyon, à Marseille, à Saint-Étienne et à Nîmes, la démagogie ait fait un effort que l'on pourrait croire concerté et résolu d'avance. » — Et il ajoute en note : « M. le procureur général Thourel déclare, dans sa déposition, qu'il incline à croire que Mégy, reçu et hébergé à la préfecture des Bouches-du-Rhône à sa sortie du bagne de Toulon, a dû mettre en rapports plus intimes la démagogie marseillaise et la démagogie parisienne. » N'y aurait-il pas lieu de supposer que la connivence des Prussiens donnait aux fauteurs d'anarchie les moyens de communiquer ensemble malgré l'investissement de Paris?

bait au pouvoir d'une « Commune révolutionnaire » dont le citoyen Carcassonne se constituait président. En même temps accourait le fameux Cluseret qui se créait général en chef de la garde nationale et de toutes les troupes de la ligue du Midi.

Telle était l'indescriptible anarchie qui oppressait Marseille, lorsque M. Gent y arriva. Il fut accueilli, à la gare même, par une imposante manifestation. Un nombre immense de bons citoyens s'était porté à sa rencontre. Ce concours empressé autour de l'homme qui venait représenter la Délégation de Tours témoignait que l'on continuerait à soutenir le gouvernement de la Défense nationale, que l'on seconderait tous ses efforts, tant qu'on le verrait s'appliquer sincèrement à maintenir l'ordre intérieur et à repousser l'invasion étrangère.

Le premier soin de M. Gent, avant même qu'il sortît de la gare, fut de donner un colonel à la garde nationale, puis, suivi par le nombreux cortége qui était venu l'attendre, il se dirigea vers la préfecture, dans laquelle il eut la témérité d'entrer seul.

Il devenait ainsi le prisonnier de la rébellion. On voulut lui dicter des conditions. Comme il les repoussait avec force, un coup de revolver l'abattit.

En même temps la Commune révolutionnaire faisait arrêter, par un détachement de civiques, le nouveau colonel de la garde nationale nommé par M. Gent. Au retour de cette expédition, un conflit s'élève entre ceux qui venaient d'y procéder et un groupe de gardes nationaux accourus pour empêcher l'incarcération de leur colonel. Des coups de feu éclatent de part et d'autre, le sang coule... Les civiques se portent bientôt en plus grand nombre sur le lieu du combat ; à ce moment les gardes nationaux s'étaient retirés, il ne restait plus que des curieux ; les civiques arrivent au pas de course, sans bruit, et comme la soirée était déjà très-avancée, à la faveur de l'obscurité, ils se rangent en bataille avant qu'on les ait aperçus, et fusillent impitoyablement cette foule désarmée.

La démagogie s'était proposé de terroriser la ville. Ses crimes produisirent un effet tout différent. Ils surexcitèrent le courage, l'énergie des citoyens. La population honnête fut en quelque sorte galvanisée. Dès qu'on apprit le lendemain, à la première heure, la tentative d'assassinat commise sur M. Gent et la fusillade des allées de Meilhan, on sentit que l'heure des résolutions viriles était venue. Un ordre de Cluseret, affiché sur les murs, interdisait de battre le rappel, *sous peine de mort*. De toutes parts les gardes nationaux se réunirent spontanément sur leurs différentes places d'armes, bien décidés à faire cesser cette intolérable anarchie, à expulser, de vive force, s'il le fallait, les rebelles de la préfecture, et à rétablir l'autorité régulière représentée par M. Gent. On fut plusieurs fois sur le point d'engager le combat. La journée se passa pourtant à négocier. Le soir venu, la garde nationale alluma des feux et bivouaqua sur les places publiques, manifestant ainsi son inébranlable volonté d'en finir avec les rebelles, et au milieu de la nuit, elle se saisit d'une batterie de canons qui se trouvait au fort Saint-Jean. Enfin dans la matinée, l'attaque de la préfecture allait commencer quand les factieux, se sentant hors d'état de résister à l'artillerie, consentirent à capituler. Les civiques évacuèrent la préfecture, et M. Gent, dont la blessure était heureusement sans gravité, recouvra la liberté et put se mettre en possession de l'autorité que la Délégation de Tours lui avait confiée.

IV

Des événements dont nous venons de retracer l'exposé, il y a deux observations importantes à dégager.

La première chose à remarquer, c'est la corrélation qui existe toujours, aux époques de bouleversements politiques, entre les mouvements de Paris et ceux des villes de province. Les départements sont habitués à laisser la capitale régler leur sort. C'est Paris qui prend l'initiative, c'est de Paris que part le mot d'ordre ou le signal. Nous avions déjà fait cette observation. Nous allons voir bientôt comment l'impulsion donnée par Paris le 18 mars a déterminé à Marseille l'insurrection du 23.

Le second point à faire ressortir, et d'une façon toute particulière, est celui-ci : Marseille a sans aucun secours étranger rétabli l'ordre à un moment où il ne pouvait pas être plus profondément troublé qu'il ne l'était. Il n'y avait plus nulle part ombre d'autorité régulière. L'anarchie était à son comble. Les citoyens abandonnés à eux-mêmes se sont sauvés eux-mêmes ; sans direction, sans entente, ils se sont levés simultanément, et, déployant une énergie qu'on ne saurait trop louer, ils ont été leurs propres libérateurs.

On reproche aujourd'hui à la ville de Marseille de ne s'être pas, au mois de mars 1871, délivrée elle-même des anarchistes comme elle l'avait fait au mois d'octobre 1870. Il importait de montrer qu'elle avait été capable une fois de ce généreux effort, et dans quelles pires conditions ! Si plus tard elle ne l'a pas renouvelé, peut-on l'accuser d'avoir manqué de bonne volonté ? N'avait-elle pas, au mois d'octobre 1870, donné la mesure de son courage, de sa virilité, de son patriotisme ? Six mois auraient donc suffi pour qu'elle fût entièrement dégénérée ? Non, il n'est pas permis de de le dire. Nous avons, au contraire le droit d'affirmer qu'après le 23 mars elle aurait montré la même vigueur et remporté la même victoire qu'après le 2 novembre, si des causes supérieures n'avaient pas alors paralysé son action. Nous dirons quelles furent ces causes. Mais leur existence n'est-elle pas déjà prouvée par l'inertie même dont on fait un grief à cette ville de Marseille qui s'était si vaillamment reconquise elle-même six mois auparavant ?

V

« Sous la main de M. Gent, dit M. de Sugny dans son rapport, l'ordre matériel se rétablit à Marseille et régna dans le département des Bouches-du-Rhône [1]. »

La garde nationale avait contraint les civiques d'évacuer complétement la préfecture. M. Gent fit venir un bataillon de mobiles de Vaucluse, sur le dévouement duquel il pouvait compter, l'installa auprès de lui, et, pendant tout le temps qu'a duré son administration, ces mobiles ont constitué pour lui une sorte de garde-du-corps qui mettait l'hôtel préfectoral à l'abri de tous les coups de main.

Un des premiers soins de M. Gent avait été de faire procéder à des élections municipales. Cet appel aux électeurs devait avoir pour effet, non-

---

[1] Rapport de M. de Sugny, page 135.

seulement de reconstituer l'administration munipale, mais aussi de faire sanctionner par le suffrage populaire l'autorité du gouvernement dont M. Gent était le représentant.

« Personne, dit encore M. de Sugny, ne se méprit sur la portée politique d'élections municipales accomplies dans de telles conditions. La question était nettement posée, comme elle le fut à Paris, après la journée du 31 octobre, entre l'ordre et le désordre. »

L'ordre se personnifiait dans une liste composée en très-grande partie des membres du Conseil dissous par l'ex-préfet Delpech. C'étaient bien des noms républicains qui figuraient sur cette liste, mais ils appartenaient à l'opinion honnête et modérée.

En tête de la liste radicale, que patronnait le journal *l'Égalité,* était inscrit le nom du ci-devant préfet Delpech.

Une imposante majorité consacra la liste conservatrice.

A la suite de ces élections, Marseille recouvra sa tranquillité. Certes, le désordre moral persistait. Mais l'ordre extérieur ne fut plus troublé. Tant que dura l'administration de M. Gent, le calme ne cessa de régner ; la ville reprit ses travaux habituels, et l'autorité put enfin s'occuper de la défense nationale, complétement négligée jusque-là.

Le passage de M. Gent à la préfecture des

Bouches-du-Rhône a démontré une fois de plus et d'une manière frappante combien la fermeté est nécessaire chez l'homme qui a mission de gouverner ou d'administrer. Même au milieu d'éléments troublés et désorganisés, une main ferme fait sentir sa puissance et son efficacité, suffit pour comprimer les mouvements tumultueux, et parvient à imposer l'ordre et la paix.

VI

Le gouvernement constitué à Bordeaux par l'Assemblée nationale nomma M. le contre-amiral Cosnier préfet des Bouches-du-Rhône.

Cette nomination fut accueillie avec grande faveur. La fermeté, l'énergie de caractère sont les qualités essentielles du marin, et il semble qu'elles doivent se rencontrer à un plus haut degré chez celui qui est parvenu à un grade plus élevé. On avait appris que l'amiral Cosnier avait participé d'une façon très-honorable à la défense de Paris. Enfin on se rappelait qu'il avait pendant longtemps séjourné à Marseille ; on pensait qu'il saurait mieux qu'un autre se rendre un compte exact de l'état des choses, et l'on espérait qu'il lui serait d'autant plus facile d'administrer qu'il allait être placé sur un terrain qui lui était déjà connu.

M. Cosnier s'installa à la préfecture dans les

premiers jours de mars. Les espérances que son arrivée avaient fait concevoir semblèrent confirmées par les termes de la proclamation qu'il fit afficher. «... Défenseur de Paris pendant un siége qui restera l'honneur de notre temps et de notre pays, disait-il dans cette proclamation, j'ai apporté à la lutte contre l'envahisseur toute l'énergie du soldat ; j'apporte à l'œuvre réparatoire toute l'énergie du citoyen à faire le bien... Je ne suis pas un étranger pour Marseille ; le long séjour que j'y ai fait m'a appris à connaître les besoins de son commerce et de son industrie, auxquels je m'efforcerai de donner une pleine et entière satisfaction. »

Ce langage respirait la détermination et la vigueur.

Hélas ! les événements ont montré que la fermeté du citoyen ne s'allie pas toujours avec le courage du militaire, et que le plus vaillant soldat peut n'être qu'un administrateur sans énergie. Il serait douloureux d'insister sur ce point. Disons seulement que l'amiral Cosnier manqua, comme préfet, de cette sûreté de coup d'œil et de cette fermeté de main indispensables dans un tel poste et à un tel moment. Il a d'ailleurs cruellement expié sa faiblesse en devenant lui-même la malheureuse victime de la guerre civile.

Notre tâche nous impose l'obligation d'indiquer les causes qui ont amené à Marseille la catastrophe du 23 mars. On verra combien l'amiral Cosnier, avec les intentions les meilleures et les plus droites, a contribué à précipiter cette catastrophe.

VII

Parmi les causes qui ont provoqué à Marseille l'insurrection du mois de mars, il faut signaler, — et ce ne fut certainement pas la moins grave, — l'impunité laissée aux auteurs des crimes commis le 2 novembre. Il y avait surtout deux de ces crimes qu'aucune considération ne pouvait atténuer, qui demeuraient absolument inexcusables. C'était l'assassinat tenté sur la personne de M. Gent, et l'odieuse fusillade des allées de Meilhan. Le premier devoir du gouvernement, après avoir recouvré son autorité, devait être de faire rechercher et punir les auteurs de pareils forfaits. Il eut le tort grave de manquer à ce devoir.

M. Thourel, alors procureur général à Aix, s'empressa de faire ce que ses fonctions lui prescrivaient. Par son ordre des poursuites furent commencées contre les coupables. Mais M. Gent, soutenu d'ailleurs par M. Gambetta, arrêta aussitôt ces poursuites, et, malgré l'insistance du procureur général, ne voulut pas qu'elles fussent continuées. M. Thourel a déposé de ce fait dans l'enquête parlementaire ordonnée par l'Assemblée nationale sur les actes du gouvernement de la Défense nationale. Voici en quels termes il s'est exprimé devant la commission d'enquête :

« ... Je fis ouvrir des instructions dont j'ai envoyé les dossiers au ministre de la justice. Là je me trouvai en opposition avec Gent, qui me dit : « Nous allons recommencer la guerre civile « si vous faites des instructions. » Je lui dis : « Si nous leur faisons voir que nous n'avons pas « peur d'eux, ils ne reviendront pas. »

« ... Cependant, malgré tout cela, je fis des instructions, je réunis les cinq mandats d'arrêt lancés par Carcassonne et j'ouvris une enquête qui prouva que c'étaient les gardes civiques qui avaient fait feu les premiers sur les gardes nationaux... Je fis une procédure contre les individus qui avaient voulu assassiner Gent. Toutes ces procédures furent fort lentes... Gent me disait : « Vous poursuivez l'homme qui a voulu « m'assassiner, mais vous ne le découvrirez pas. » Il ne voulait pas déclarer qui c'était...

« Ces procédures étaient volumineuses ; je poursuivais le jugement, et je voulais en avoir raison, lorsque je m'aperçus que mon substitut de Marseille ne m'envoyait plus aucun rapport. Je lui écrivis pour lui demander comment il se faisait qu'il ne m'envoyât plus aucun rapport sur les procédures. Il ne me répondit pas ; j'allai à Marseille, et j'appris que Gent le lui avait interdit.

« Je connais Gent particulièrement ; il avait

son idée ; il croyait que cela redonnait de l'activité à la guerre civile, et il était appuyé dans cette opinion par Gambetta [1]...»

M. Thourel se vit donc contraint d'abandonner les poursuites commencées, et les auteurs de si criminels attentats ne furent pas davantage inquiétés.

Cette impunité devait être, sous un double rapport, extrêmement fâcheuse.

Elle avait pour résultat d'effacer en quelque sorte de la conscience publique la notion de ce qui était permis et de ce qui était condamnable ; d'accréditer l'idée que l'on pouvait tout entreprendre pourvu que les tentatives les plus audacieuses parussent inspirées par la passion politique.

Elle eut en outre pour effet de laisser libres des hommes éminemment dangereux qui, devenus plus hardis encore, devaient se retrouver parmi les principaux instigateurs des événements ultérieurs.

Ceux qui ont ainsi paralysé l'action de la justice répressive ont donc encouru une grave responsabilité.

Cette responsabilité atteint en premier lieu et de la façon la plus directe la Délégation de Tours et de Bordeaux qui, au lieu de soutenir et d'en-

---

[1] Enquête parlementaire sur les actes du gouvernement de la Défense nationale. — Déposition des témoins, tome II, page 540.

courager un procureur général disposé à faire son devoir, a, pour complaire au préfet Gent, arrêté le bras de la vindicte publique.

Ajoutons que la même responsabilité doit frapper aussi le gouvernement établi à Bordeaux par l'Assemblée nationale. L'obligation de faire exécuter et respecter les lois était d'autant plus rigoureuse pour ce gouvernement nouveau, qu'il avait une origine plus légale. Il conserva M. Thourel comme procureur général ; il devait lui prescrire de reprendre et de continuer les procédures commencées et de faire châtier les coupables.

L'influence que cette inexplicable impunité devait avoir sur la suite des événements a frappé tous les esprits.

M. Thourel, dans la déposition dont nous avons cité un fragment, a exprimé cette opinion : « Je suis convaincu que si nous avons eu la journée du 23 mars, c'est parce qu'on n'a pas voulu sévir. A la force brutale et inintelligente de ces gens-là, il faut opposer la force du droit et de la justice. »

Et l'honorable M. de Sugny, membre de l'Assemblée nationale, en terminant son rapport sur les événements de Marseille sous le gouvernement de la Défense nationale, a donné à ce remarquable travail la conclusion suivante :

« Il nous est impossible de ne pas exprimer de nouveau le regret qu'une juste répression n'ait pas atteint les fauteurs des événements du 31 octobre et du 1ᵉʳ novembre. L'impunité dont ils ont joui est évidemment une des causes de l'audace avec laquelle ils ont renouvelé, quelques mois plus tard, leur criminelle tentative. On avait hésité à frapper des coupables. Il a fallu reprendre Marseille à coups de canon et perdre des soldats !

« C'est une politique à courte vue que celle qui se borne à ajourner les orages. Il ne suffit pas que le lendemain d'un jour d'émeute le calme règne à la surface, si plus tard le sang doit couler à flots dans la ville bombardée. Or nous pensons qu'on pouvait, qu'on devait, après les événements de novembre, empêcher le parti de la Commune de garder ses chefs et de conserver son organisation. Nous croyons donc qu'une grave responsabilité reste justement attachée à tous ceux qui, de près ou de loin, ont laissé les matériaux de l'incendie s'accumuler dans le foyer où ils se sont plus tard enflammés [1]. »

VIII

Pendant que Paris était en proie à la crise qui devait aboutir à la révolution du 18 mars, la province, et Marseille notamment, ne se rendait pas

---

[1] Rapport de M. de Sugny, page 194.

bien compte de ce qui s'y passait. On voyait assez que le désordre y régnait ; mais il semblait que ce fût un désordre moral, plutôt que matériel. On sentait que le désarroi était surtout dans les esprits, et la surexcitation à laquelle ils paraissaient livrés s'expliquait par les souffrances du siége, la douleur de la défaite et cette suprême humiliation qu'il avait fallu subir l'entrée des Prussiens. Mais on espérait que le calme renaîtrait peu à peu, que le gouvernement parviendrait à dominer la situation et que la crise se dénouerait d'elle-même.

Une circulaire de M. Thiers, publiée le 19 mars, révéla aux habitants de Marseille les événements qui s'étaient accomplis à Paris dans la journée du 18. Cette circulaire était ainsi conçue :

« Versailles, 19 mars.

« Le président du conseil du gouvernement, chef du pouvoir exécutif, etc.

« Le gouvernement tout entier est réuni à Versailles. L'Assemblée s'y réunit également. L'armée, au nombre de 40,000 hommes, s'y est concentrée en bon ordre sous les ordres du général Vinoy. Toutes les autorités, tous les chefs de l'armée y sont arrivés, Les autorités civiles et militaires des départements n'exécuteront d'autres ordres que ceux du gouvernement résidant à Versailles, sous peine d'être considérées comme en état de forfaiture. Les membres de l'Assemblée nationale sont invités à accélérer leur retour pour être tous présents à la séance du 20 mars.

« A. Thiers. »

Cette circulaire indiquait que des événements d'une extrême gravité venaient de se passer ; elle faisait comprendre qu'un pouvoir insurrectionnel s'était constitué et dominait à Paris. Mais en quoi consistait ce gouvernement nouveau? A la suite de quels incidents et dans quelles conditions s'était-il établi? On en était, sur ce point, réduit aux conjectures.

Il était naturel que cette nouvelle produisît à Marseille une vive émotion. L'ordre, néanmoins, ne fut pas troublé. Mais la situation était fort délicate et telle que, sous l'influence de la cause la plus légère, le trouble pouvait éclater d'un instant à l'autre. Les réunions publiques n'avaient pas cessé d'être tenues depuis le 4 septembre ; elles perpétuaient la fermentation et les meneurs guettaient un prétexte pour fomenter la révolte. Les complices de l'insurrection d'octobre qui, après leur échec, avaient cherché refuge dans les divers corps francs de l'armée des Vosges, étaient maintenant de retour. Enfin, des bandes nombreuses de garibaldiens, récemment licenciés, arrivaient tous les jours à Marseille.

La situation était donc pleine de périls, et la moindre étincelle suffisait pour déterminer un redoutable incendie. En présence d'un tel état de choses, il fallait, pour conjurer le danger, que le pouvoir usât de toute son habileté, et l'habileté devait consister surtout dans un redoublement de prudence, de circonspection, de vigilance. On pouvait, à cette condition, prévenir une catastrophe. En un mot, et pour rappeler un mot devenu célèbre, « il n'y avait pas une seule faute à commettre. »

IX

Hélas! des fautes furent commises.

Le 22 mars, le préfet faisait afficher la dépêche suivante :

Le président du Conseil aux préfets.

« Versailles, 22 mars, 7 h. 40 matin.

« L'ordre se maintient partout et tend même à se rétablir à Paris, où les honnêtes gens ont fait hier une manifestation des plus significatives.

« A Versailles la tranquillité est complète, et l'Assemblée, dans la séance d'hier, a voté, à l'unanimité, une proclamation digne et ferme...

« L'armée, réorganisée et campée autour de Versailles, montre les plus fermes dispositions, et, de toutes parts, on offre au gouvernement de la République des bataillons de mobiles pour la soutenir contre l'anarchie, si elle pouvait en avoir besoin. Les bons citoyens peuvent donc se rassurer et prendre confiance.

« A Boulogne, M. Rouher, découvert avec une caisse de papiers scellés, a couru les plus grands dangers et aurait été en péril, sans l'énergie du sous-préfet de Boulogne et du préfet d'Arras ; il est provisoirement détenu à Arras, au grand regret du gouvernement, qui ne songe pas le moins du monde à se livrer à aucun acte de rigueur.

« Les frères Chevreau et M. Boitelle, qui accompagnaient M. Rouher, sont retournés en Angleterre.

« Tous les chefs de l'armée qui rentrent viennent offrir leur épée au gouvernement. Le maréchal Canrobert, se joignant à tous les autres, a fait, auprès du Conseil, une démarche des plus dignes et qui a reçu l'accueil qu'elle méritait.

« L'adhésion est donc unanime, et tous les bons Français se réunissent pour sauver le pays, qu'ils réussiront certainement à sauver.

« A. Thiers.

« *Le préfet des Bouches-du-Rhône,*
« Contre-amiral Cosnier. »

La publication de cette circulaire fit naître une émotion profonde. Une seule chose frappa les esprits et les frappa très-vivement : ce fut le langage employé par le chef du pouvoir exécutif à l'égard de MM. Rouher, Chevreau et Boitelle et le maréchal Canrobert.

Aujourd'hui que le temps s'est écoulé et qu'un certain apaisement s'est produit, il serait difficile, si l'on en avait pas été témoin, de s'imaginer combien fut vive l'émotion populaire. Certes, rien n'était plus strictement juste, de la part du gouvernement de M. Thiers, que de respecter et de protéger la liberté des fonctionnaires du régime déchu contre lesquels aucune action judiciaire n'était exercée. Et quant au maréchal Canrobert, en venant offrir, dans un tel moment de crise, son épée à l'autorité légale, il accomplissait un acte de patriotisme dont il fallait lui savoir gré. Mais à cette époque encore si voisine de nos désastres militaires, et du douloureux traité de paix qui nous arrachait deux provinces et cinq milliards, l'irritation contre l'Empire était ardente, et cette animadversion surexcitée au plus haut point était naturellement soupçonneuse. M. Thiers n'avait pas encore offert, au système républicain, les gages qu'il a donnés depuis, et il était loin de jouir alors de cette faveur du parti avancé qu'il a su mériter par la suite. En voyant avec quelle bienveillance, dans sa dépêche du 22 mars, il s'exprimait sur le compte de

M. Rouher et du maréchal Canrobert, on oublia qu'il avait été l'adversaire déterminé du régime impérial, et l'on crut qu'il voulait en favoriser le retour. Les ennemis de l'ordre, qui avaient intérêt à voir cette croyance se propager, travaillèrent à la répandre et à l'accréditer. Un peuple que de fortes secousses ont agité demeure, pendant longtemps, plus impressionnable et, partant, plus crédule. Il devint évident, pour la masse populaire, que M. Thiers conspirait en faveur du rétablissement de l'Empire. L'inquiétude et l'excitation furent extrêmes.

Il faut donc le reconnaître, la publication de la circulaire du 22 mars était une insigne maladresse. C'est le premier devoir d'un gouvernement de consulter, avant d'agir, l'état des esprits et de ne pas exciter comme à plaisir les méfiances. Sans doute on avait très-bien fait de mettre en liberté M. Rouher et d'accueillir le concours du maréchal Canrobert. Mais quelle nécessité y avait-il à publier ces deux faits avec tant de solennité, surtout dans ces départements du Midi, où la haine de l'Empire était encore si vivace et où les susceptibilités sont toujours excessives? Ne devait-on pas pressentir l'effet que produiraient et les nouvelles elles-mêmes, et la forme dans laquelle elles étaient données?

X

Cette première faute en engendra une seconde qui fut la cause déterminante et immédiate de la prise d'armes et du triomphe des partisans de la Commune.

Il est facile de comprendre avec quel succès les fauteurs d'anarchie exploitèrent l'émotion que nous venons de décrire. Les réunions publiques, comme nous l'avons dit, n'avaient pas cessé d'avoir lieu. Tenues longtemps dans une salle de café-concert dite *l'Alhambra*, elles s'étaient ensuite transportées dans un local du même genre, situé dans un autre quartier et appelé *l'Eldorado*. Il y eut séance dans la soirée du 22 mars. Le malheureux Gaston Crémieux, qui était l'un des principaux orateurs de ces assemblées démagogiques, et qu'une ambition déréglée excitait à jouer un rôle dangereux, vint assister à cette réunion et y parla avec beaucoup d'exaltation et de violence. Nous extrayons du rapport qui, dans la procédure militaire, tient lieu d'acte d'accusation, les paroles mêmes dont Gaston Crémieux eut à répondre devant le conseil de guerre :

« Le gouvernement de Versailles, dit-il, a essayé de lever sa béquille contre ce qu'il appelle l'insurrection de Paris ; mais elle s'est brisée dans ses mains, et la Commune en est sortie. (Applaudissements frénétiques.)

« Ensuite j'ai une bonne nouvelle à vous annoncer. Rouher a été arrêté. (Ah! Ah!) Que pensez-vous qu'on en a fait ? (Silence prolongé.) Eh bien !.. On l'a relâché ! (Murmures.) Et voilà le gouvernement qui se défend d'être réactionnaire !

« Ainsi, citoyens, les circonstances sont graves ; avant d'aller plus loin, je vais vous poser une question. Quel est le gouvernement que nous reconnaissons comme légal ? Est-ce Paris ? Est-ce Versailles ? (Cris unanimes de *Vive Paris !*)

« A ces cris unanimes qui sortent de vos mille poitrines, nous nous unissons et nous crions : Vive Paris ! Mais ce gouvernement va être combattu par Versailles. Je viens vous demander un serment, c'est celui de le défendre par tous les moyens possibles, le jurez-vous ? (Toutes les mains se levèrent et des cris immenses de : *Nous le jurons!* se firent entendre.)

« Et nous aussi, s'il faut combattre, nous nous mettrons à votre tête. (Ces paroles ont été répétées trois fois par Crémieux.) Nous serons obligés de le défendre dans la rue. Rentrez donc chez vous, prenez vos fusils, non pas pour attaquer, mais pour vous défendre.

« Mais avant de nous séparer, jurons encore que nous sommes unis pour défendre le gouvernement de Paris, qui est le seul que nous reconnaissons, et non cette ignoble Assemblée de Versailles. Retirez-vous, nous allons délibérer. »

Ce discours était coupable, et rempli des plus dangereuses et des plus condamnables excitations. Il contenait, nous le reconnaissons, un véritable appel aux armes ; mais était-ce bien un appel aux armes immédiat, précis, à jour fixe, à heure déterminée ? Demeura-t-il convenu entre l'auditoire et l'orateur, sur la proposition de celui-ci, que le lendemain, 23 mars, on se réunirait en armes, sur une place et à une heure indiquées, pour marcher de là sur la préfecture, l'envahir et l'occuper ? Les débats devant le conseil de guerre ne semblent pas l'avoir établi.

Mais en admettant même qu'un tel rendez-vous eût été donné et accepté, était-il certain que la résolution prise serait exécutée ? Il est permis d'en douter. Pour tenter l'exécution d'un pareil dessein, il fallait une masse d'hommes considérable. La réunion de l'Eldorado se composait d'un millier de personnes. Si tous avaient été fidèles à la promesse faite, leur nombre n'eût pas suffi. Il était indispensable de recruter d'autres adhérents ; et combien l'entente n'est-elle pas difficile à établir, même avec les éléments qui s'y prêtent le mieux, et surtout combien difficile l'initiative à prendre ? Il n'est pas aisé d'exciter, d'armer, de mettre en mouvement, de réunir, de concentrer sur un seul point une foule dispersée de tous les côtés. Et d'ailleurs, au dernier moment, l'hésitation n'ébranle-t-elle pas le projet le plus fermement arrêté ? L'expérience le prouve tous les jours, un abîme sépare le conseil de l'exécution : vérité depuis longtemps formulée ainsi par le grand moraliste :

> On n'exécute pas tout ce qui se propose
> Et le chemin est long du projet à la chose.

Nous ne devons pas manquer de constater que, depuis le 4 septembre, il se produisait régulièrement tous les soirs à l'Alhambra et à l'Eldorado des excitations semblables à celles du 22 mars. Sans doute ces excitations étaient criminelles et ne contribuaient pas peu à entretenir le désordre. Mais combien de motions subversives avaient été faites, acclamées et votées sans que personne s'avisât le lendemain de les mettre à exécution ! Même sous l'administration de M. Gent, la démagogie s'était donné libre carrière dans les réunions publiques. On y décrétait le soir des propositions incendiaires que nul ne songeait plus à réaliser le matin.

Rien ne démontre donc que la préfecture aurait été certainement attaquée dans la journée du 23 mars, tout au moins avec des moyens pouvant assurer le succès, si cette attaque et cette victoire n'avaient été favorisées, hélas ! et pour ainsi dire organisées par une mesure funeste de l'autorité préfectorale.

XI

Le contre-amiral Cosnier s'émut du mauvais effet produit par la circulaire du 22 mars, de la séance tenue à l'Eldorado, et de la bruyante adhésion que l'on y avait donnée au gouvernement de Paris.

L'idée lui vint de provoquer une éclatante manifestation en faveur du gouverment de Versailles. Réunir la garde nationale sur ses places d'armes, en faisant battre le rappel, faire ensuite défiler les divers bataillons devant la préfecture et les décider à acclamer le gouvernement de l'Assemblée, tel était le projet qu'il avait conçu.

Idée malheureuse ! projet fatal ! Si cette manifestation réussissait, quel avantage devait-il en résulter ? Si, au contaire, elle échouait, à quels dangers n'exposait-elle pas ? Et combien le succès était incertain !

La garde nationale était irrésolue et divisée. Parmi les hommes qui en constituaient l'élément sain, quelques-uns avaient été fâcheusement impressionnés par la dépêche de la veille, et beaucoup étaient assez refroidis pour trouver au moins inopportune une manifestation en faveur du gouvernement dont M. Thiers était le chef. Quant à l'élément révolutionnaire, il était ardent et surexcité, et convoquer ainsi les individus qui le formaient, c'était leur inspirer l'idée et leur donner le moyen d'opposer une contre-manifestation à la manifestation projetée, c'était surtout leur fournir l'occasion de s'assembler, de se compter et de s'armer, occasion sans laquelle il est probable qu'ils seraient demeurés épars, malgré les incitations des meneurs. Le malheureux préfet commettait donc la plus grave des imprudences. Il poursuivait un résultat chimérique; et, pour l'atteindre, il allait déchaîner lui-même la tempête déjà grondante, qu'il aurait pu contenir encore, si sa main avait été prudente et ferme.

Disons seulement, pour atténuer la terrible responsabilité qu'il a assumée, qu'ayant réuni autour de lui, à six heures du matin, quelques-unes des autorités de la ville, parmi lesquelles le général de brigade et le procureur de la République, il leur fit part de sa résolution qui fut approuvée.

En conséquence le préfet donna au colonel chef d'état-major de la garde nationale l'ordre de faire battre le rappel dans les rues. Le colonel adressa à chacun des chefs de bataillon la lettre suivante :

« Mon cher commandant,

« En présence des troubles qui se sont déclarés à Lyon, il faut que la garde nationale de Marseille fasse immédiatement une manifestation en faveur du gouvernement de Versailles pour le maintien de l'ordre et de la République.

« En conséquence, par ordre de M. l'amiral-préfet des Bouches-du-Rhône, vous allez de suite faire battre le rappel et vous réunir sur vos places d'armes, tout en vous conformant à l'ordre permanent de l'état-major du 2 février.

« Recevez....

« *Le colonel d'état-major,*
« Jeanjean. »

Pendant que cet ordre s'accomplissait, le préfet, de son côté, écrivait au maire de Marseille :

« Monsieur le maire,

« En présence des événements qui se produisent, il est nécessaire qu'une grande manifestation soit faite à Marseille en faveur du gouvernement de Versailles, pour le maintien de l'ordre et de la République.

« A la garde nationale, à la municipalité appartient de lui donner un caractère imposant qui empêchera toute tentative, toute surprise, fera renaître la confiance : avec la confiance, la prospérité.

« Si vous pensez qu'il en doive être ainsi, je vous prie de prendre les dispositions nécessaires, d'accord avec le colonel de la garde nationale, pour que, dans la journée, à trois heures, si vous le voulez, les divers bataillons défilent sur la place de la Préfecture, où vous vous réunirez à moi avec les membres du Conseil municipal.

« Une proclamation de vous et de vos collègues du Conseil municipal ferait un grand effet ; il importe que la voix du préfet ne soit pas isolée.

« Agréez, monsieur le maire, l'assurance de ma haute considération.

« *Le préfet des Bouches-du-Rhône,*
« Contre-amiral Cosnier. »

En recevant cette lettre, le maire assembla le Conseil municipal.

Ce Conseil était celui qui, élu vers les derniers jours de l'Empire, avait été régulièrement installé le 4 septembre, dissous le 31 octobre par l'arrêté du préfet Delpech, remplacé par une Commune révolutionnaire, et réélu le 13 novembre, avec l'appui de tous les hommes d'ordre, à une très-grande majorité. Nous l'avons dit, tous ses membres appartenaient au parti républicain, mais la plupart étaient des hommes modérés et sincères, dont les intentions étaient bonnes, et qui voulaient surtout empêcher la guerre civile.

La séance eut lieu à l'hôtel de ville, à dix heures du matin. Le maire donna communication de la lettre du préfet. Le Conseil fut unanime à blâmer la convocation de la garde nationale et la manifestation proposée.

Et puisque ce malencontreux et regrettable appel de la garde nationale a été l'occasion, l'origine, la provocation même de l'insurrection, il importe, pour dégager la ville de la responsabilité qu'on veut aujourd'hui lui infliger, d'établir que non-seulement l'autorité municipale, légalement chargée de veiller aux intérêts de la cité, ne s'est pas associée à la désastreuse mesure prise par le préfet, mais qu'au contraire elle l'a condamnée et combattue de toutes ses forces.

Voici, d'après le procès-verbal officiel de la séance, quelles furent les opinions que manifesta le Conseil municipal, après avoir entendu la lecture faite par le maire de la lettre de l'amiral Cosnier, et les décisions qu'il prit ensuite :

« M. Labadié : Nous ne pouvons donner une approbation complète au gouvernement de Versailles. Nous avons tous lu avec peine la circulaire de M. Thiers, dans laquelle il regrette l'arrestation de M. Rouher et accepte avec reconnaissance les offres de service du maréchal Canrobert. Nous ne pouvons, en l'état, nous associer à la mesure que désire prendre M. le préfet. Nous devons, au contraire, protester contre cette mesure, qui peut être dangereuse pour la tranquillité publique...

« M. Reymond : Je propose de protester dans le sens que vient d'indiquer M. Labadié...

« M. Castelle : Je prie le conseil d'engager M. le préfet à ne pas faire effectuer devant l'hôtel de la préfecture le défilé de la garde nationale. Il y aurait là un grand danger. La garde nationale est composée d'éléments divers; différents cris de ralliement pourraient se faire entendre; de là un conflit qu'il est de notre devoir de prévenir.

« M. Vessiot : Il ne nous convient pas de protester contre le gouvernement de Versailles. Il est évident que nous ne pouvons approuver certains actes de ce gouvernement, par exemple, l'acceptation des offres de service de Canrobert, les regrets de M. Thiers sur l'arrestation de M. Rouher; mais nous ne pouvons protester contre le gouvernement, parce que ce serait protester contre le principe du suffrage universel dont nous-mêmes sommes issus...

« M. Labadié : Je n'ai pas exprimé tout à l'heure toute ma pensée. Si je considère comme inopportune et dangereuse une manifestation en faveur du gouvernement de Versailles, je blâme de toutes mes forces ce qui se passe à Paris. Le meurtre des généraux Lecomte et Clément Thomas doit exciter l'indignation de tous les honnêtes gens.

« M. Vessiot : Notre but aujourd'hui doit être d'éviter un conflit. Quels moyens devons-nous employer? — Empêcher d'abord la manifestation de la garde nationale et faire ensuite une proclamation dans laquelle nous affirmerons le principe du suffrage universel, notre attachement à la

République, et dans laquelle nous ferons un appel à l'ordre et à la conciliation. Je fais ces deux propositions au conseil.

« M. Labadié : C'est là notre rôle : prendre toutes les mesures qui doivent assurer l'ordre et la tranquillité...

« Le Conseil décide qu'il y a lieu de prier M. le préfet de ne pas faire effectuer la manifestation projetée, et charge MM. Abram et Castelle d'aller lui transmettre les sentiments du Conseil à cet égard.

« Le Conseil décide ensuite qu'il y a lieu de faire une proclamation dans le sens indiqué...

« A ce moment de la séance, M. Jeanjean, colonel, chef d'état-major de la garde nationale, est introduit au sein du Conseil. Il expose qu'il y a eu à six heures du matin, chez M. le préfet, une réunion composée de plusieurs fonctionnaires, parmi lesquels se trouvaient le procureur de la République et le général de division[1]. Il a reçu là l'ordre de faire battre le rappel, ordre auquel il a dû obtempérer...

« MM. Abram et Castelle, revenus de la préfecture, annoncent au Conseil que M. le préfet, sur les observations à lui faites, et qu'il reconnaît justes, renonce à faire la manifestation projetée. »

---

[1] Il y a ici une erreur ; au lieu de : général *de division*, il faut lire : général *de brigade*.

XII

L'ordre donné par le préfet au colonel Jeanjean avait donc été exécuté, et le rappel avait été battu à travers les rues de la ville dès les premières heures de la matinée.

Cette mesure, accueillie d'abord avec stupeur, occasionna un grand émoi. Pourquoi avait-on pris une mesure si grave ? que se passait-il ? contre quel danger fallait-il se défendre ? La pensée que le rappel était battu pour déterminer une simple manifestation ne venait à personne.

La garde nationale obéit et s'assembla sur les diverses places publiques. On sut plus tard quel était le but de la convocation. L'idée d'une manifestation fut jugée, comme elle l'avait été au Conseil municipal, « inopportune et dangereuse, » et blâmée généralement.

On vient de voir que les délégués, chargés d'aller faire part au préfet de la désapprobation du Conseil municipal, étaient revenus en rapportant que l'amiral Cosnier se rendait aux représentations qui lui avaient été faites, et qu'il renonçait à son projet.

Cela se passait avant midi.

La garde nationale aurait dû, dès lors, être congédiée.

Elle ne le fut pas ; et c'est une faute nouvelle qui vient s'ajouter à toutes celles qui s'enchaînaient ainsi avec une incompréhensible fatalité.

Ce long stationnement sur les places publiques était, surtout pour les bataillons indécis ou mal disposés, une cause de mécontentement. Et combien était impolitique et périlleuse cette agglomération d'hommes qui occupaient leur inaction en commentant la dépêche de M. Thiers, et dont l'exaltation se propageait de proche en proche ! Les bataillons les plus suspects de la garde nationale, en particulier ceux des faubourgs, les anciens gardes civiques qui composaient en très-grande partie les corps spéciaux de la garde nationale, notamment l'artillerie, des compagnies de francs-tireurs et de garibaldiens, s'étaient massés sur le cours Belzunce, auquel Esquiros avait enlevé son nom et qui s'appelait alors cours de l'Athénée.

Il fut bientôt évident que tous ces éléments mauvais que l'on avait, par une incroyable aberration, réunis et concentrés, ne se sépareraient pas sans qu'il y eût des troubles. Les nuages s'amoncelaient, l'atmosphère se chargeait d'électricité, l'orage allait éclater.

La situation devenait menaçante.

Le Conseil municipal avait repris séance à trois heures.

C'est au procès-verbal même de cette séance que nous allons demander la relation des graves événements qui s'accomplirent pendant que le Conseil était réuni.

« Le Conseil délègue MM. Labadié, Pierre Philip, Sidore et Boyé pour aller faire connaître à M. le préfet la gravité de la situation et l'inviter à prendre des mesures qui pourraient en conjurer les dangers. En même temps ils devront lui demander de télégraphier au chef du gouvernement afin qu'il envoie une dépêche destinée à détruire le mauvais effet produit par celle qui a été affichée le matin.

« Après leur départ, une lettre de M. le préfet invite M. le maire à se rendre d'urgence à la préfecture.

« M. le maire part immédiatement avec MM. Guinot, Bosc et Germain.

« La séance, un instant suspendue, est reprise à l'arrivée des délégués qui font connaître au Conseil le résultat de leur démarche à la préfecture ; ils ont trouvé dans le cabinet du préfet le général, l'intendant, le colonel Jeanjean et le chef de cabinet qui, tous, leur ont déclaré qu'ils n'avaient aucun moyen à employer pour arrêter la manifestation qui prenait déjà un caractère menaçant, et qu'ils étaient dans l'impossibilité d'opposer aucune résistance. Au sujet de la dépêche à adresser à M. Thiers, M. le préfet leur a répondu qu'il n'avait pas attendu leur invitation, et que dès le matin il avait télégraphié au gouvernement pour lui faire connaître le mauvais effet qu'avait produit sur la population la dépêche affichée dans la matinée.

« A cet instant, MM. Rambaldi, Pernessin, Eugène Crotte, Louis Fraissinet, Pichard et Prost se présentent comme délégués du club républicain de la garde nationale, demandant à faire au Conseil une communication urgente.

« Immédiatement introduits, ils exposent qu'une foule immense de gardes nationaux en armes et de citoyens non armés entourent la préfecture, que la surexcitation est extrême, et qu'il importe de prendre immédiatement des mesures qui puissent conjurer le danger et ramener la tranquillité si malencontreusement troublée. Ils proposent d'adjoindre à M. le préfet un Conseil composé de trois membres du Conseil municipal et de deux membres du club républicain de la garde nationale ; ce Conseil dissipera les craintes du parti républicain, il veillera à ce que toutes les dépêches soient fidèlement et sans retard portées à la connaissance du public. Cette mesure provisoire pourra sauver la situation et épargner à notre ville les plus grands malheurs, que le gouvernement de Versailles, par ses actes et ses circulaires, paraît avoir voulu provoquer.

« M. Labadié répond que la proposition de MM. les délégués est fort sage, et qu'en l'état elle doit être acceptée. Il voit avec plaisir que les sentiments du club de la garde nationale sont les mêmes que ceux du Conseil qui, dans sa séance du matin, tout en condamnant avec énergie la conduite de Paris, n'a pu s'empêcher de blâmer certains actes du gouvernement de Versailles.

« MM. les délégués se retirent pour laisser délibérer sur leur proposition et attendre la décision.

« La délibération est interrompue par l'entrée de M. Jullien ; il raconte qu'il arrive de la place de la préfecture où se trouvent un grand nombre de gardes nationaux en armes ; un coup de feu ayant été tiré en l'air, la porte de l'hôtel s'est ouverte, et la foule s'est précipitée dans la cour et dans les appartements, où l'on a mis en état d'arrestation M. le préfet, ainsi que MM. Bory, Germain, Guinot et Bosc. Dans l'impossibilité où il était de les secourir, M. Jullien a cru devoir venir immédiatement informer le Conseil de ce qui se passe.

« Quelque temps après arrive M. le maire. Il annonce que, pendant qu'il était en conversation avec M. le préfet, la préfecture a été envahie par une foule considérable ; que le préfet et diverses personnes qui se trouvaient auprès de lui ont été faits prisonniers ; que lui-même, saisi et entraîné violemment par des hommes armés, n'a pu qu'à grand'peine, au milieu des menaces et d'un tumulte indescriptible, recouvrer la liberté... »

Voilà donc comment s'accomplit l'envahissement de la préfecture.

Les fautes que nous avons signalées avaient provoqué le mouvement.

Pourtant rien n'eût été perdu encore, et ce facile succès de l'insurrection, cet envahissement si rapide, cette victoire sans coup férir resteraient inexplicables, si de nouvelles fautes du préfet n'avaient pas concouru à précipiter le cataclysme.

Pourquoi, lorsque dans la matinée il avait fait déclarer au Conseil qu'il renonçait à la manifestation, n'avait-il pas, comme nous l'avons dit, renvoyé la garde nationale ?

Les factieux, réunis sur le cours Belzunce, n'auraient pas obéi à cet ordre.

C'est possible ; mais alors pourquoi n'avoir pas pressenti leurs mauvais desseins et n'avoir pas mis l'hôtel de la préfecture en état de défense ?

Cette massive construction peut servir de forteresse, et l'événement a montré qu'il était facile de la défendre. Au 4 avril, il a fallu, pour la reprendre, employer le canon, alors que de nombreuses défections avaient réduit les forces insurrectionnelles et qu'il n'y avait plus qu'une poignée d'hommes qui résistaient.

L'amiral Cosnier avait sous la main des éléments suffisants pour assurer d'une manière efficace la défense de la préfecture. Bien que nos forces militaires fussent alors désorganisées, il disposait pourtant de quelques soldats et notamment de ceux qui formaient les garnisons des forts Saint-Jean et Saint-Nicolas ; il avait à ses ordres les héroïques marins de la frégate cuirassée *la Couronne* qui eurent, le 4 avril, l'honneur d'entrer les premiers dans la préfecture assiégée ; enfin il pouvait compter sur plusieurs bataillons de la garde nationale entièrement dévoués à la cause de l'ordre. Il y avait là de quoi composer une petite armée qui, secondée par l'épaisseur des murailles, aurait avec succès repoussé toute attaque ; et il est probable que les anarchistes, tenus en respect par la présence de cette garnison, se seraient bien gardés de tenter un assaut.

Mais alors qu'il aurait fallu concentrer autour de la préfecture tous ceux qui pouvaient en être les défenseurs, il semble que le préfet ait été la victime trop confiante d'une sorte de trahison préparée pour disséminer perfidement et paralyser ainsi tous les secours. Parmi ces bataillons fidèles dont l'action était sûre, le troisième, qui stationnait depuis le matin sur le cours Bonaparte, reçut, au moment où les insurgés allaient se mettre en mouvement, l'ordre de s'enfermer dans les salles du palais de justice. Le huitième, dut, à la même heure et en vertu d'un ordre semblable, se retirer à l'intérieur des cours du Lycée.

Les factieux s'étaient mis en marche aux cris de *Vive Paris!* et avaient bientôt rempli la place de la préfecture. Dès leur arrivée, un coup de feu avait été tiré en l'air, selon le récit fait par M. Jullien au Conseil municipal, et aussitôt la porte de l'hôtel s'était ouverte. Cette solide porte, si les assaillants avaient été dans la nécessité de l'enfoncer, leur eût opposé une vigoureuse et longue résistance. Qui donc, avec tant d'empressement, l'avait ouverte aux insurgés ?

XIII

Nous n'avons pas à faire ici l'histoire des actes du pouvoir insurrectionnel qui s'établit à la préfecture en prenant le titre de *Commission départementale*.

Notre sujet nous prescrit seulement d'examiner quels furent les rapports de l'administration municipale avec cette nouvelle autorité.

Gaston Crémieux était le chef, apparent du moins, de l'insurrection triomphante. Avec l'assistance du citoyen Émile Bouchet, il écrivit, dès son entrée à la préfecture, la lettre suivante au Conseil municipal :

« *Aux citoyens conseillers municipaux de Marseille.*

« Citoyens,

« La préfecture est envahie, le calme est maintenu. Venez au plus tôt nous aider à constituer une administration provisoire dans l'intérêt public.

« CRÉMIEUX, BOUCHET. »

Déjà les délégués d'un club composé de gardes nationaux républicains étaient venus demander au Conseil de concourir à l'institution d'une administration provisoire qui tenterait d'imprimer au mouvement une direction pacifique.

Voici, d'après le procès-verbal de la séance, le langage que tint au conseil M. Louis Fraissinet, l'un de ces délégués :

« M. Louis Fraissinet demande que le but de la démarche qui va être essayée soit bien défini ; il a accepté du club républicain de la garde nationale un simple mandat de conciliation et d'apaisement ; mais si la tentative qui va être faite à la préfecture devait être considérée comme une reconnaissance de la Commune de Paris, il se retirerait immédiatement ; car, pour lui, il n'existe qu'un gouvernement : celui de Versailles, autour duquel, malgré les quelques reproches qu'on peut lui adresser, doivent se rallier tous les bons citoyens, tous les bons républicains. »

C'est à la suite de cette allocution que le Conseil prit une délibération ainsi conçue :

« En l'état, le Conseil municipal décide qu'il y a lieu, dans l'intérêt de l'ordre et de la sécurité de la ville, de déléguer six conseillers à la préfecture pour y faire prévaloir des idées d'apaisement et de conciliation, dans le but de maintenir l'ordre. »

Cette mesure a été diversement jugée, et, nous

devons le dire, hautement condamnée par quelques-uns.

Nous n'avons à l'apprécier ici qu'au point de vue de la question spéciale que nous traitons, et qui est celle de savoir si les divers événements dont nous faisons l'exposé ont pu, à un degré quelconque, engager la responsabilité de la ville de Marseille.

Or, de quelque façon que l'on envisage cette détermination du Conseil municipal, il faut reconnaître qu'elle n'a pu, ni en droit, ni en fait, imposer aucune responsabilité à la ville.

En droit, quelle est la portée de la loi du 10 vendémiaire an IV ? Quand elle a déclaré les communes responsables de certains attentats commis sur leur territoire dans des conditions prévues, elle a considéré l'ensemble, l'universalité des habitants comme complice en quelque sorte des délits auxquels ils ont participé directement, ou qu'ils ont tolérés par une répréhensible indifférence. Pour qu'une commune puisse être atteinte en vertu de la loi de vendémiaire, il faut par conséquent que ce soit la communauté entière qui ait failli, et non pas seulement la municipalité placée à sa tête. Les actes accomplis par l'autorité municipale peuvent être de deux sortes : ou ils sont restés dans la limite des attributions conférées par les lois, ce sont alors des actes légaux, et en ce cas ils lient la communauté ; ou ils ont violé les dispositions de la loi, ils sont illégaux, et précisément parce qu'ils n'ont aucune valeur légale, ils n'obligent pas les citoyens. Lorsque la totalité des habitants s'est rendue coupable des faits délictueux en y prenant une part directe, ou tout au moins en ne les prévenant pas, la loi de vendémiaire doit être appliquée à la commune. Mais si c'est l'administration municipale qui seule a commis des actes réprouvés par les lois, le reste des habitants ne sauraient en être tenus pour responsables. La communauté pouvait-elle, en effet, empêcher l'autorité de commettre des illégalités ? La loi permettrait-elle aux simples citoyens de s'ériger en arbitres du mérite des actes de leur municipalité, pour s'opposer, avant qu'ils fussent accomplis, à ceux de ces actes qu'ils jugeraient illégaux ? Non, certes, une pareille théorie serait la consécration même de l'anarchie ! Il demeure donc de toute évidence que si la masse des habitants est coupable, la commune doit être punie en vertu de la loi de l'an IV ; mais si c'est seulement le pouvoir municipal qui manque à ses devoirs, la commune, alors, n'encourt aucune responsabilité. — Ainsi le Conseil municipal de Marseille, quelque pures que fussent ses intentions, agissait en violation des lois quand il concourait à l'organisation d'un gouvernement insurrectionnel, et justement parce qu'il commettait là une illégalité, la population devait rester affranchie de toutes les conséquences dommageables que cette illégalité pouvait entraîner.

Si, en droit, les habitants de Marseille demeurent exonérés de toute responsabilité à raison des décisions prises par le Conseil municipal, nous devons ajouter qu'en fait ces décisions n'ont pu en créer aucune.

D'abord il est juste de prendre en considération les motifs qui le déterminaient, et, à cet égard, il serait difficile de contester la droiture de ses inspirations. En adjoignant quelques-uns de ses membres aux meneurs de l'insurrection victorieuse, il espérait leur imposer la modération, empêcher l'effusion du sang, obtenir la liberté et au moins sauvegarder la vie du préfet, du général de brigade et des autres fonctionnaires faits prisonniers et retenus comme otages.

Ce qui d'ailleurs est bien certain, c'est que l'intervention des délégués du Conseil municipal, si elle ne produisit pas les bons effets sur lesquels on comptait, du moins n'aggrava pas la situation, et ne contribua nullement à fortifier et à prolonger la domination insurrectionnelle. Si la Commission départementale usurpatrice avait accueilli avec déférence les représentants de l'administration municipale régulière, si elle eût obtempéré à leurs demandes, si elle leur eût, en un mot, concédé une part d'autorité, on pourrait justement reprocher au Conseil municipal d'avoir, en pactisant avec les insurgés, amnistié leur attentat, d'avoir régularisé en quelque sorte, par l'adhésion d'un corps dont l'origine était légale, l'établissement d'un pouvoir issu de la violence, et d'avoir consolidé ce pouvoir en modérant son action. Mais il n'en fut rien. La présence des délégués du Conseil n'eut aucune influence sur la marche des événements. L'insurrection ne tint nul compte de leurs avis ou de leurs vœux; elle leur refusa toute concession; elle les humilia et les maltraita. Aussi trois jours à peine s'étaient-ils écoulés, que ces délégués venaient faire part au Conseil de l'insuccès de leurs efforts et demander à être déchargés de leur mandat.

Ils s'exprimèrent en ces termes, dans la séance du 26 mars :

« Suivant les ordres du Conseil municipal, dit l'un d'eux, M. Sidore, nous avons demandé à la préfecture l'élargissement des prisonniers et la disparition du drapeau rouge... Les gardiens du préfet ne veulent pas le lâcher; il convient de temporiser. Quant au drapeau rouge, ceux qui l'enlèveraient risqueraient d'être fusillés, quels qu'ils fussent. »

« Notre position n'est pas tenable, ajoute M. Desservy, un autre des délégués. Il faut réunir le Conseil demain matin à neuf heures, il décidera sur le maintien de notre mandat. Le Conseil nous a laissés juges du moment où notre dignité et celle du Conseil seraient compromises. Je crois que ce moment-là est venu. Notre rôle est nul. Les proclamations qui sont affichées ne nous sont pas soumises, et nos signatures y sont apposées sans notre autorisation. »

« Vos délégués à la préfecture, dit encore M. Sidore, risquent leur liberté et même leur vie ; deux fois, déjà, on nous a faits prisonniers pendant un temps plus ou moins long ; des menaces nous ont été faites plus d'une fois... Ainsi que le dit notre honorable collègue Desservy, notre position est intenable, nous désirons que le Conseil municipal décide de nous retirer le mandat de délégués à la préfecture, tout l'exige... »

Le Conseil municipal, impressionné par ces communications, se réunit le lendemain, 27 mars, et prit la délibération suivante :

« Attendu que le Conseil municipal s'était réservé le droit de retirer ses délégués au Conseil départemental le jour où leur liberté d'action serait entravée ou méconnue ;

« Attendu que MM. Desservy, Bosc et Sidore ne sont pas écoutés à la préfecture ; qu'ils n'y ont aucune autorité et qu'ils peuvent, par leur présence, paraître sanctionner des actes que leur conscience réprouve ;

« Le Conseil municipal retire à MM. Bosc. Desservy et Sidore le mandat que, dans une pensée de conciliation et pour éviter des malheurs qui étaient imminents, il leur avait donné de siéger dans la Commission départementale provisoire, et les remercie des preuves de patriotisme et de dévouement qu'ils ont données en acceptant ce mandat. »

XIV

Le Conseil municipal, même après le rappel de ses délégués, conserva l'espoir que la crise pourrait encore se dénouer pacifiquement, et il resta décidé à coopérer, par tous les moyens en son pouvoir, à une pareille solution.

Le cours des événements sembla bientôt lui amener une occasion favorable de mettre fin au règne de l'insurrection.

Le vide s'était fait autour de la Commission départementale qui siégeait à la préfecture. Elle ne trouva, parmi les agents ou fonctionnaires de l'État, personne qui voulût la reconnaître et lui prêter assistance.

L'autorité militaire et toutes les administrations placées sous sa dépendance s'étaient transportées à Aubagne. Les employés supérieurs de la préfecture avaient interrompu leurs services. Les caisses publiques étaient fermées. La police même refusait son concours.

Cette mise en interdit embarrassa singulièrement la Commission départementale. Elle ne tarda pas à se trouver dans le plus grand désarroi. Gaston Crémieux fit au public la confidence de ses angoisses dans une proclamation qui égaya un moment la situation par la naïveté de ses aveux :

« ... Les intendants militaires, les chefs de division des bureaux de la préfecture, les employés supérieurs de l'administration du télégraphe, les agents de la paix publique ont abandonné leur poste malgré nos instructions et contre nos protestations. Nous les sommons publiquement de reprendre leurs fonctions.

« Les magistrats du parquet ne répondent pas à nos invitations. Au nom de l'ordre, nous les sommons de reconnaître non pas seulement notre autorité, mais la nécessité suprême pour chaque citoyen de faire son devoir.

« Si les caisses publiques se ferment systématiquement, si tous les services publics sont interrompus par ceux mêmes qui devraient les surveiller, si tous les fonctionnaires abandonnent leur poste, eux seuls seront responsables des désordres qui pourront se produire. »

Un évident découragement perçait dans cette proclamation. On pensa qu'il fallait en profiter pour décider, même au moyen d'une offre pécuniaire, les occupants de la préfecture à l'évacuer. Un homme qui, soit par l'importance des fonctions qu'il exerçait, soit par l'élévation de son intelligence et la fermeté de son caractère, était revêtu d'une autorité universellement respectée, l'honorable M. Gamel, alors président du tribunal civil, demanda à être entendu par l'assemblée municipale. Il fut reçu à la séance du 29 mars, et il donna le conseil d'acheter à prix d'argent la mise en liberté des prisonniers et l'évacuation de la préfecture. Nous citons un extrait du procès-verbal de cette séance :

« Sont introduits dans la salle du Conseil M. Gamel, président du tribunal civil, et M. Guibert, procureur de la République.

« M. Gamel prie le Conseil d'intervenir auprès de la Commission départementale pour l'inviter à faire élargir les prisonniers et à faire évacuer la préfecture. Selon M. Gamel, les personnes qui occupent la préfecture ont obtenu le résultat qu'elles désiraient : empêcher une manifestation en faveur de Versailles et faire quitter son poste à un préfet qu'ils disent n'être pas républicain. Pourquoi, ce résultat obtenu, continuer un état de choses qui n'a plus sa raison d'être?... M. le président pense que le Conseil ne devrait pas reculer devant un sacrifice d'argent s'il pouvait obtenir à ce prix l'évacuation de la préfecture. »

Pendant une autre séance qui fut tenue le même jour, l'un des envahisseurs de la préfecture, le citoyen Job, fit dire au Conseil qu'il avait à lui faire une déclaration importante.

« M. Job est introduit, dit le procès-verbal. Il assure que les membres de la Commission départementale, fatigués de leur rôle, seraient disposés à se retirer et qu'il se fait fort d'obtenir l'évacuation de la préfecture si le Conseil veut lui faciliter la tâche. Des réquisitions de vivres ont été faites à divers marchands, pour l'alimentation des gardiens de la préfecture ; ces fournitures ont été livrées contre des bons dont il a été tenu un compte exact ; M. Job désirerait que ces fournisseurs ne perdissent pas ce qui leur est dû, et que le Conseil votât une somme suffisante pour les désintéresser…

« Sur la demande d'un conseiller d'indiquer, s'il le peut, l'importance de la dette, M. Job répond que le total ne doit pas dépasser 4,000 fr. »

A la suite de cette ouverture, et déterminé par par les avis qu'avait donnés M. le président Gamel, le Conseil prit la délibération que voici :

« Le Conseil municipal, toujours animé de la même pensée d'éviter toute effusion de sang et de rétablir la tranquillité publique, invite les citoyens composant la Commission départementale à mettre en liberté les autorités séquestrées, à évacuer immédiatement la préfecture et à en faire la remise au chef de la garde nationale. A ces conditions, le Conseil décide de solder les dépenses d'alimentation occasionnées par l'occupation de la préfecture, et il ouvre dans cet objet un crédit jusqu'à concurrence de la somme de 4,000 fr. »

XV

Cette délibération ne put pas sortir à effet.

Au moment où le Conseil municipal semblait près d'obtenir la solution qu'il poursuivait, les choses changèrent brusquement de face, et l'intervention de la Commune de Paris vint faire échouer toutes les tentatives de pacification.

C'est ici que nous nous sommes réservé d'exposer les relations qui existèrent entre le pouvoir révolutionnaire de Paris et la Commission insurrectionnelle de Marseille.

L'envahissement de la préfecture avait eu lieu, on se le rappelle, aux cris de : *Vive Paris!* Il est de toute évidence que les factieux marseillais étaient en complète communion d'idées avec les fauteurs de l'insurrection parisienne, qu'ils professaient les mêmes doctrines, qu'ils obéissaient aux mêmes excitations, qu'ils tendaient au même but.

Mais ce n'était pas seulement la similitude des égarements et la conformité des appétits qui liaient l'émeute de Marseille avec la sédition de Paris. Il y avait là autre chose que des sympathies théoriques et des entraînements simultanés; il y avait des rapports matériels et directs. Et, comme il arrive toujours, la révolte parisienne exerçait un droit suzerain à l'égard de la révolte provinciale, qu'elle entendait tenir dans une sorte de vassalité.

Les conspirateurs de Paris avaient envoyé un des leurs à Marseille vers le commencement du mois de mars : c'était Mégy, l'assassin d'un sergent de ville, Mégy, que le 4 septembre avait considéré comme une victime et fait sortir du bagne. Il exerça d'abord une action occulte, mais essentiellement délétère.

Nous trouvons, à ce sujet, des détails précis dans un important document dont nous allons citer divers passages. C'est le rapport adressé, dans le cours de l'année 1871, par M. Rigaud, premier président de la Cour d'appel d'Aix, à la Commission d'enquête parlementaire sur l'insurrection du 18 mars[1].

« Dans les premiers jours du mois de mars, dit ce rapport, le fameux Mégy arrive à Marseille ; il se met en relation avec un ouvrier des Docks, nommé Chauvin, membre actif de l'Internationale ; et de concert avec lui, sans se montrer ostensiblement, il favorise la grève des ouvriers de toutes les industries, et cherche à s'attirer les sympathies des garibaldiens, des mobiles et des mobilisés, que le licenciement de nos armées avait jetés en grand nombre sur le pavé de la ville[2]. »

---

[1] Enquête parlementaire sur l'insurrection du 18 mars. — Tome Ier. — Rapports.

[2] Mégy était allé remplir une mission à Bordeaux avant de venir à Marseille. C'est ce qui résulte du passage suivant du

Après avoir relaté de quelle façon s'effectua l'envahissement de la préfecture, M. le premier président ajoute :

« A ce moment, Mégy, qui s'était tenu dans l'ombre jusqu'alors, entre ouvertement en scène ; il arrive à la préfecture et en prend le commandement militaire.

« Pendant que Crémieux publie une proclamation qui annonce la Commune et fait arborer le drapeau rouge à la préfecture, Mégy donne l'ordre de faire retirer toutes les troupes qui pouvaient arriver à la gare et de s'emparer de toutes les armes et de toutes les munitions qui s'y trouvaient en ce moment.

« En même temps, il se rend auprès du préfet, prisonnier, et lui donne brutalement l'ordre de donner sa démission. Celui-ci résiste. Mégy re-

rapport adressé à la Commission d'enquête du 18 mars par le premier président de la Cour de Bordeaux :

« ... A côté des émissaires anonymes qui procédaient ainsi, il y en a eu deux beaucoup plus importants, qu'on n'a pas arrêtés davantage, mais dont on a pu savoir les noms et constater la présence. L'un d'eux est une célébrité de l'Internationale et de la Commune, c'est Mégy... Celui-ci ne procéda pas par voie de prédication publique, mais par rapports secrets avec les chefs de l'Internationale bordelaise... Mégy agissait aussi par voie d'embauchage et paraît s'être rendu à cette fin dans le quartier des Chartrons, en compagnie d'un nommé Bonnet, ancien mécanicien du chemin de fer du Midi, révoqué pour inconduite. Mégy, du reste, ne prolongea pas son séjour à Bordeaux ; ne trouvant pas, dit-il, le terrain favorable à ses projets, il a quitté la ville pour se rendre à Marseille, où chacun sait le rôle qu'il a joué. »

tourne à trois heures du matin auprès de lui et renouvelle ses injonctions et ses violences. Comme il n'obtient pas plus de succès que la veille, il fait saisir les papiers et la correspondance du préfet et de ses secrétaires, et dit aux gardiens, en se retirant : « Ouvrez l'œil, et si l'un des prisonniers « cherche à s'évader, brûlez-lui la cervelle, ou je « vous la brûle à vous-mêmes. »

Aussitôt après la réussite de leur coup de main et leur établissement à la préfecture, les insurgés de Marseille avaient envoyé trois émissaires à Paris, évidemment pour faire connaître leurs succès aux chefs de la Commune, exposer la situation et recevoir le mot d'ordre au sujet du parti qu'il fallait tirer de la victoire. La Commune délégua trois de ses membres, Landeck, Amouroux et May, pour venir prendre la direction suprême du mouvement de Marseille. Ces trois délégués arrivèrent au moment où l'insurrection locale chancelante allait accepter la capitulation négociée par la municipalité, suivant les conseils de M. le président Gamel, et rendre la préfecture moyennant la somme que l'assemblée municipale avait consenti à voter.

L'arrivée des délégués de Paris opéra dans l'état des choses une révolution subite que le rapport de M. le premier président raconte ainsi :

« ... Les sieurs Landeck, Amouroux et May arrivent à Marseille porteurs de pleins pouvoirs

de la Commune et annoncent dans les réunions que « le gouvernement de Versailles veut renverser « la République, et que pour la sauver, il faut sou-
« tenir énergiquement Paris, au sein duquel s'ac-
« complit un mouvement non-seulement muni-
« cipal, mais entièrement révolutionnaire. »

« Trois autres individus, les sieurs Cartoux, Audiffren et Dubouis, qui avaient été envoyés de Marseille à Paris, et qui étaient revenus avec Landeck, Amouroux et May, tiennent le même langage, et sous cette double excitation l'insurrection de Marseille, prête à s'affaisser sur elle-même, se relève avec plus d'ardeur et s'affirme avec une nouvelle force.

« Landeck prend la direction supérieure du mouvement et en devient, pour ainsi dire, le dictateur. Un de ses premiers actes est de gourmander Crémieux, le chef local, en qui il ne trouve pas une énergie suffisante. Il va jusqu'à le faire emprisonner; puis il favorise son évasion, puis il lui impose une nouvelle captivité et la prolonge jusqu'à ce qu'il soit convaincu par ces diverses épreuves qu'il est inféodé suffisamment à sa personne, et qu'il peut entièrement compter sur lui.

« Les jours suivants, quand des émissaires bienveillants, ou effrayés pour eux-mêmes, se présentent à la préfecture pour demander l'élargissement des prisonniers, Landeck les reçoit avec hauteur et leur répond : « Les prisonniers,

« jamais ; si l'on veut les reprendre de force, on
« les trouvera morts. »

« Quand il faut déterminer publiquement le caractère de l'insurrection marseillaise, Landeck, assisté cette fois de Crémieux, son acolyte toujours plus ou moins hésitant, développe dans une longue proclamation le programme de la Commune qu'il veut établir à Marseille, et qui doit être à l'instar de celle de Paris.

« Quand il faut organiser l'insurrection, Landeck, en vertu, dit-il, des pleins pouvoirs dont il est porteur, et par ordre de son ministre de la guerre, nomme un sous-officier de cavalerie, appelé Pélissier, général commandant le département des Bouches-du-Rhône, en remplacement du général Espivent de la Villesboinet, relevé de ses fonctions.

« On pourrait multiplier à l'infini les citations d'actes ou de paroles qui prouvent qu'à dater du jour où il est arrivé à Marseille, c'est Landeck, seul, qui a dirigé le mouvement, stimulé le zèle des uns et retenu la défaillance des autres. C'est ainsi que, le 1er avril, il a délibéré avec Crémieux de faire arrêter les principales autorités du département, telles que l'évêque, le maire, le procureur de la République et le procureur général d'Aix ; et que le lendemain, 2 avril, quand on amène à la préfecture le fils du maire de Marseille, au lieu du maire lui-même qu'on n'a pas rencontré chez lui, et quand Crémieux veut le faire relâcher, Landeck déclare, sur le ton du commandement, qu'il le retient comme otage. C'est ainsi que le 3 avril il dirige sur le palais de justice une cinquantaine d'hommes, qui y arrêtent en plein jour M. Guibert, procureur de la République, et M. Berr, un de ses substituts, et que plus tard, lorsque ces deux magistrats sont conduits devant lui, à la préfecture, et lorsque Crémieux, épouvanté du forfait qui vient de se commettre, conseille la délivrance de M. Guibert, Landeck le repousse en le rudoyant et conduit lui-même les otages dans un appartement du second étage, en leur disant : « Surtout pas de tentative d'évasion, ou bien vous « serez fusillés. »

Le rôle de Landeck demeura prépondérant jusqu'à la fin, et M. le premier président Rigaud constate dans son rapport que ce fut lui qui organisa et dirigea la résistance, lorsque la préfecture fut attaquée par le général Espivent de la Villesboinet.

« Dans la soirée du 3 avril, on apprend à Marseille que le général Espivent doit quitter Aubagne dans la nuit, et venir attaquer de front les insurgés. Sur cette nouvelle, Landeck convoque à la préfecture une grande réunion, à laquelle assistent tous les chefs de bataillon sur lesquels il peut compter. Il annonce la bataille pour le lendemain, fait battre le rappel, sonner le tocsin, et affecte

une grande assurance, en disant : « Tous les sol-
« dats d'Aubagne sont pour nous. »

« Le 4 au matin, quand les troupes du général Espivent se rangent en bataille devant la préfecture, Landeck, escorté de Crémieux, se rend en parlementaire auprès de lui, et lui demande un délai de vingt-quatre heures, sous prétexte de faire faire des élections.

« Dans le milieu du jour, quand cinquante individus, qui se promènent aux environs de la préfecture avec le drapeau rouge et noir de l'Internationale, croient pouvoir annoncer, à haute voix, que trois mille soldats de la ligne ont fraternisé avec le peuple, Landeck colporte lui-même dans les rangs des siens ce bruit dénué de fondement.

« Enfin, vers le soir, quand les rues sont jonchées de cadavres, quand la préfecture, bombardée depuis douze heures, est sur le point de se rendre, quand Crémieux s'enferme dans un corbillard et se fait porter au cimetière des juifs, où on l'a trouvé déguisé en femme, Landeck s'évade à son tour, et dit en partant : « Faites
« vos affaires vous-mêmes; après tout je ne suis
« pas Marseillais ; » ce qu'entendant un mulâtre, nommé Job, qui avait joué un assez grand rôle dans toute cette affaire, se retourne vers un de ses camarades, et lui dit : « Si jamais tu revois
« Landeck, brûle-lui la cervelle, car c'est lui qui
« est cause de tous nos malheurs. »

Après la défaite de l'insurrection à Marseille, Landeck revint à Paris et rendit compte de sa mission dans un rapport qu'il adressa à la Commune de Paris. Ce rapport, aussitôt publié par le journal *la Commune*, fut reproduit, comme un curieux document, par divers journaux de Marseille, et notamment par la *Gazette du Midi*, dans son numéro du 20 avril 1871. Nous en détachons quelques extraits :

« *Aux citoyens membres de la Commune de Paris.*

« Citoyens,

« De retour de la mission à moi confiée par le Comité central près la ville de Marseille, je vous en rends compte ; je vous soumets le rapport suivant, que je me suis efforcé de rendre le plus succinct possible, tout en me tenant dans les termes stricts de la vérité.

«Arrivé à Marseille le 27 mars, je me suis tout d'abord, et avant d'agir, informé des événements passés et de leur caractère. Il résulte de ces informations officielles que le préfet des Bouches-du-Rhône, nommé Cosnier, contre-amiral, de concert avec l'ex-général Ollivier, avait provoqué une manifestation en faveur de Versailles. Le résultat de cette tentative fut le soulèvement de Marseille, la prise de la préfecture et l'incarcération du préfet, de son personnel et du général Ollivier. »

Landeck exprime ensuite son opinion sur la municipalité de Marseille : «Ces tristes magistrats municipaux étaient ou des incapables ou des traîtres, cherchant à pousser la population à la guerre civile. » Il déclare que c'est ce qui le détermina « à intervenir d'une manière active dans le but d'empêcher une collision sanglante entre Français, entre citoyens de la même cité ! » Et il ajoute : « Je fis arrêter quelques meneurs de la réaction, aux applaudissements de toute la ville. L'ex-général commandant les Bouches-du-Rhône déclara Marseille en état de guerre ; je le déclarai hors la loi, je le destituai et nommai, pour le remplacer provisoirement, le citoyen Pélissier, actuellement prisonnier de la réaction. Enfin, j'employai tous les moyens pour conjurer la guerre civile ; ce fut en vain, les royalistes la voulaient et voici comment elle éclata. Que le sang versé retombe sur la réaction, car c'est elle qui l'a fait couler en tirant lâchement de ses fenêtres les premiers coups de feu indistinctement sur la troupe et sur les patriotes ! »

Le rapport de Landeck se terminait ainsi : « On a tué des femmes, des enfants, des citoyens ; mais ce que je puis vous assurer, citoyens, c'est qu'on n'a pas tué l'esprit républicain à Marseille, qui attend une victoire de Paris pour se relever de nouveau, malgré les tentatives de désarmement de la garde nationale. Je ne vous parle pas des dangers que j'ai courus ;

j'ai rempli mon devoir, vous remplirez le vôtre en secourant Marseille, qui vous admire et vous attend, et que la réaction emprisonne en ce moment.

« Vive la Commune ! »

Lorsque Gaston Crémieux et trois des ses coaccusés furent condamnés à mort par le conseil de guerre, Landeck, alors réfugié à Londres, écrivit une lettre qui fut insérée dans le *Courrier de la Gironde*, et ensuite dans les journaux de Marseille. Nous la trouvons dans le numéro du journal *le Petit Marseillais*, du 6 octobre 1871. Cette lettre était datée de Londres (31, *Noel-Street, Colbrook Row, Islington*), 21 septembre 1871.

« Je vais, disait Landeck, en citant quelques faits qui se sont passés à Marseille, prouver que le conseil de guerre de cette ville, qui a si facilement condamné quatre hommes à mort, a prononcé une aussi terrible sentence pour des actes que les condamnés n'ont point commis.

« 1° Il est faux que ce soit Crémieux qui ait destitué Espivent de la Villesboinet : c'est moi qui l'ai destitué, pour avoir mis le département des Bouches-du-Rhône en état de guerre ;

» 2° Ce ne sont pas les condamnés Crémieux, Étienne et Pélissier qui dirigeaient le mouvement dès le début, c'est l'indignation qui l'avait fait naître… J'arrivai à Marseille où, en vertu des pouvoirs qui m'étaient délégués par le Comité central de Paris, je pris seul la direction du mouvement communaliste;

« 3° Il est faux qu'un des condamnés ait fait arrêter le procureur de la République et son substitut. C'est moi qui les ait fait arrêter !.. »

Et quelle est maintenant la conclusion qui ressort du saisissant récit fait par M. le premier président de la cour d'Aix, et des documents émanés de Landeck, et dont nous venons de citer des extraits ? C'est que, lorsqu'il s'agit de déterminer, au point de vue de l'application possible de la loi du 10 vendémiaire, le caractère véritable des événements de Marseille, il est impossible de ne pas reconnaître que la rébellion du 23 mars ne consista nullement en une de ces émeutes municipales, suscitées par des causes locales et pouvant provoquer ces « attroupements ou rassemblements » dont la loi de l'an IV a voulu empêcher ou réprimer les excès. Le mouvement de Marseille fut la répercussion directe du mouvement de Paris. C'était à Marseille comme à Paris une révolution essentiellement politique, dirigée contre le gouvernement légal du pays qu'elle s'efforçait, avant tout, de renverser ; et, comme on l'a vu, les factieux de Marseille ne furent que les feudataires, ou pour employer une expression mieux appropriée, que les comparses de ceux de Paris.

Cette conclusion est d'ailleurs formulée avec une remarquable précision par M. le premier président Rigaud, à qui il nous convient de laisser la parole.

« En présence de ces faits, qui sont de la plus rigoureuse exactitude, dit-il à la fin de son rapport, le lien qui unissait l'insurrection de Paris à celle de Marseille n'a pas besoin d'être démontré.

« Déjà, au 31 octobre 1870, la tentative insurrectionnelle de Paris avait eu son contre-coup à Marseille. Déjà, dans les premiers jours de mars 1871, Mégy était venu à Marseille et avait commencé son système d'excitation et d'embauchage. Le 27 mars, trois délégués de la Commune de Paris, Landeck, Amouroux et May, arrivent à Marseille et concentrent dans leurs mains la direction du mouvement. A partir de ce jour, Landeck, le plus audacieux des trois, exerce sur tous, autour de lui, une autorité dictatoriale ; il nomme, il destitue, il requiert, il saisit, il arrête au nom de la Commune de Paris, et en vertu des pouvoirs dont il est porteur. Il est clair, de la clarté du jour, que l'insurrection de Paris et celle de Marseille se confondent, qu'elles sont destinées à s'entr'aider l'une l'autre et qu'elles obéissent aux mêmes ordres et aux mêmes inspirations.

« On peut même affirmer sans crainte de se tromper, en voyant l'attitude de Crémieux, que, sans l'arrivée des délégués de Paris, les troubles de Marseille n'auraient eu ni la durée, ni la gravité que nous avons eues à déplorer. Réduits à eux-mêmes, honteux de leur rôle, contenus par leurs familles, et surtout défiants de leur succès, nos factieux indigènes n'auraient eu ni assez d'audace pour commencer la sédition, ni assez d'énergie pour la soutenir. »

XVI

Jusqu'à présent ce travail a eu pour but de montrer que les événements dont on veut faire subir les conséquences à la ville de Marseille, — outre qu'il sont dépourvus du caractère spécial qui seul peut imposer la responsabilité décrétée en l'an IV, — ont été amenés par une série de causes absolument étrangères à la ville ; et qu'il n'a dépendu ni de la communauté des habitants, ni de l'autorité municipale placée à leur tête, d'empêcher les catastrophes qui ont éclaté.

Le mal s'étant produit, la ville considérée soit comme universalité des citoyens, soit comme pouvoir municipal, avait-elle les moyens de le détruire, et conséquemment est-elle coupable d'avoir manqué à ce devoir ?

Il y avait deux moyens de se débarrasser de l'insurrection : recourir aux voies amiables ou employer la force.

Le premier moyen, celui des négociations amiables, ne pouvait guère être essayé que par la municipalité. Nous avons [dit ses tentatives et les raisons qui les firent échouer.

Restait alors l'emploi de la force.

L'autorité municipale devait-elle lancer contre l'insurrection triomphante la population armée, la garde nationale, et lui faire assiéger la préfecture devenue citadelle?

Il est complétement inutile d'examiner si un pareil devoir s'imposait à l'administration municipale. Admettons même, si l'on veut, que cette obligation lui incombât, et qu'elle ait commis la faute d'y manquer; n'avons-nous pas établi que les défaillances de l'autorité ne peuvent pas avoir pour effet d'engager la responsabilité de cette universalité d'habitants qui se nomme la commune?

Mais à défaut de l'ordre que la municipalité ne donnait pas, la garde nationale ne devait-elle pas se lever spontanément, prendre les armes et ouvrir la tranchée devant la préfecture?

Rappelons ici ce que nous avons eu plus haut l'occasion de raconter en détail. Quand, le 2 novembre, la mairie était envahie par la Commune révolutionnaire du citoyen Carcassonne, et la préfecture au pouvoir des gardes civiques en révolte contre l'autorité de M. Gent, blessé et prisonnier, la garde nationale courut aux armes, se réunit, et son attitude déterminée suffit pour lui assurer la victoire. Proclamons donc encore une fois que la garde nationale de Marseille était capable d'énergie, de résolution, de courage !

Mais en mars les circonstances n'étaient plus les mêmes qu'en novembre.

En novembre, il ne restait plus une seule autorité debout ; tout avait été renversé ; la désorganisation était partout. Les citoyens, déliés de l'obligation d'obéir à qui que ce soit, n'avaient à prendre conseil que d'eux-mêmes, et, ne pouvant plus compter sur aucun appui, avaient la responsabilité de leur propre salut. En mars, après l'envahissement de la préfecture, une autorité régulière subsistait, l'autorité municipale ; c'est à ce pouvoir que demeurait le soin de diriger la population, et celle-ci devait attendre de recevoir des ordres.

En novembre, il n'y avait de rebelles dans la préfecture que les gardes civiques ; en mars, les forces de l'anarchie, grossies par les francs-tireurs et les garibaldiens récemment licenciés, s'étaient considérablement accrues.

En novembre, la garde nationale avait à sa disposition quatre pièces de canon, au moyen desquelles elle pouvait avec succès battre la préfecture, et les gardes civiques, maîtres de la place, étaient dépourvus de toute artillerie pour la défendre. En mars, la situation était changée ; les factieux, à qui la leçon avait profité, s'étaient emparés d'une immense quantité d'armes et de munitions ; et dès le premier jour ils avaient introduit dans la préfecture des canons, des mitrailleuses, et des projectiles à profusion. Et la garde nationale, au contraire, n'avait plus que ses fusils.

Dans de telles conjonctures, quelle que fût la bonne volonté de la garde nationale, il lui était impossible d'assiéger la préfecture avec l'espoir de l'emporter. C'eût été folie que d'ouvrir une attaque qui n'aurait abouti qu'à des massacres inutiles. Les habitants de Marseille devaient-ils pourtant l'entreprendre? La loi du 10 vendémiaire an IV irait-elle jusqu'à imposer à une population des efforts téméraires et des tentatives désespérées?

Il y avait donc, en fait, impossibilité absolue d'agir, et il serait injuste de reprocher à la municipalité de n'avoir pas ordonné, et à la population de n'avoir pas entrepris une attaque de la préfecture dans d'aussi détestables conditions. Mais il y avait à cela une autre impossibilité, une impossibilité de droit.

Immédiatement après la victoire de l'insurrection, à la suite de laquelle, en même temps que l'amiral-préfet, avait été arrêté le général de brigade Olivier, M. Espivent de la Villesboinet, général commandant la division, transporta son quartier général à Aubagne, petite ville située aux environs de Marseille et distante seulement de dix-sept kilomètres.

Le 26 mars, le général prit une grave mesure, excellente sous le rapport de la répression qu'il préparait, mais qui, au point de vue des conséquences légales, changeait entièrement la situation de Marseille. S'appuyant sur ce fait que des rebelles en armes étaient réunis dans un rayon de moins de cinq jours de marche de son quartier général, il déclara le département des Bouches-du-Rhône en état de guerre.

L'ordre du jour du général était ainsi conçu :

« Considérant que la ville de Marseille est occupée par des étrangers en armes qui soutiennent un gouvernement insurrectionnel et factieux ;

« Considérant que ces hommes, en arrêtant le préfet et le général de brigade, le maire, et remplaçant le Conseil municipal par une Commission révolutionnaire, ont suspendu eux-mêmes l'action de l'administration civile ;

« Considérant que la population de Marseille, en tolérant cet état de choses, s'est placée et se maintient en état d'insurrection ouverte contre le gouvernement légitime de la République ;

« Considérant que, pour donner à cette population le temps de réfléchir et de réagir contre ces étrangers qui la dominent, nous avons concentré au dehors les troupes de la garnison et porté le quartier général de la division à Aubagne, devenu ainsi poste militaire ;

« Vu le décret du 17 octobre 1863 ;

« Vu la présence des rebelles armés dans un rayon de moins de cinq jours de marche ;

« Le département des Bouches-du-Rhône est déclaré en état de guerre. Toutes les autorités civiles relèveront désormais de l'autorité militaire ;

« Il n'est rien changé à l'action des pouvoirs judiciaires.

« Au quartier général, Aubagne, 26 mars.

« *Le général commandant l'état de guerre,*
« Espivent de la Villesboinet. »

Quelle était la situation nouvelle qui résultait de cet acte ? Aux termes de l'article 92 du décret du 24 décembre 1811, « dans les places en état de guerre, la garde nationale et la garde municipale passent sous le commandement du gouverneur ou commandant, et l'autorité civile ne peut ni rendre aucune ordonnance de police sans l'avoir concertée avec lui, ni refuser de rendre celles qu'il juge nécessaires à la sûreté de la place ou à la tranquillité publique. » Ainsi, d'après cette disposition, d'une part l'action de l'autorité civile, relativement aux mesures de police, est paralysée, ou plutôt absorbée par l'autorité militaire, et d'autre part la garde nationale, placée sous le commandement immédiat du chef militaire, ne peut plus être mise en mouvement que par lui. Cette subordination de l'autorité civile à l'autorité militaire était d'ailleurs formellement rappelée dans le dispositif de l'ordre du général.

Après la publication de cet ordre du jour, il ne dépendait plus de la municipalité de faire mouvoir la garde nationale, et celle-ci n'avait pas davantage le droit d'agir spontanément. C'était au général seul qu'il appartenait désormais de donner des ordres pour l'attaque de la préfecture; en prenant l'initiative de cette attaque, sans attendre un ordre régulier, l'autorité municipale et la garde nationale se seraient mises elles-mêmes en révolte contre le pouvoir militaire. Et nous sommes obligés de faire remarquer, à cet égard, une certaine inconséquence qui se trouvait dans l'ordre du jour du 26 mars. L'honorable général voulait, disait-il dans un de ses motifs, donner à la population de Marseille « le temps de réfléchir et de *réagir* » contre les rebelles. Réagir, de quelle manière? On ne le pouvait que par la force, et justement l'ordre du jour avait pour but de proclamer qu'à l'avenir le commandant de l'état de guerre aurait seul le droit d'en prescrire l'emploi. D'ailleurs, pour expliquer la sévérité du langage tenu par le général, on peut dire qu'il espérait, en montrant une attitude décidée, frapper vivement les esprits et obliger le gouvernement insurrectionnel à se dissoudre.

Il n'aurait eu, au surplus, nul besoin de recourir à cette mesure de la déclaration d'état de guerre; car la ville de Marseille, ainsi que tout le département des Bouches-du-Rhône, avait été mise en état de siége par un décret de l'impératrice régente du 9 août 1870 ; et en vertu de l'état de siége tous les pouvoirs se trouvaient concentrés dans les mains de l'autorité militaire.

Le général Espivent ordonna-t-il à la garde nationale d'attaquer l'insurrection fortifiée dans la préfecture ? Non, et il fit bien; car la garde nationale, réduite à ses propres forces, ne disposait pas de moyens d'action assez puissants pour triompher, et c'était un rigoureux devoir que d'éviter l'inutile effusion du sang.

Et le général comprenait si bien que la garde nationale seule était impuissante à rétablir l'ordre que lui-même, après sa retraite à Aubagne, ne voulut pas commencer ses opérations sans avoir toutes les troupes qu'il jugeait nécessaires. M. le procureur général Thourel se trouvait à Aubagne et pressait le général Espivent de se mettre en marche. Celui-ci demandait des renforts et refusait de rien entreprendre avant de les avoir reçus. « M. le ministre de la justice, dit M. Thourel dans la déposition dont nous avons déjà cité des extraits, me pria d'aller jusqu'à Aubagne pour m'entendre avec le général sur les mesures qui devaient être prises. Je m'y rendis, et je dis au général :
« Marchons cette nuit ; ils ont envoyé chercher des
« émissaires de Paris, il faut les devancer; les gens
« qui sont à Marseille ne demandent que 4,000 fr.
« pour payer les dettes de ceux qu'on a nourris à
« crédit, et se démettre... » Je savais qu'avec deux mille ou trois mille hommes l'affaire était

faite. Malheureusement le général voulut que j'écrivisse au ministre pour avoir du renfort[1]. »

Et non-seulement le général Espivent ne prescrivit pas à la garde nationale de procéder seule à l'attaque de la préfecture, mais, lorsqu'il fut lui-même disposé à agir, il eut soin de rappeler à la garde nationale qu'elle était placée sous son commandement, et il lui défendit de prendre les armes sans son ordre. Le 2 avril, en effet, il fit publier l'ordre du jour suivant :

« Vu la loi du 17 juillet 1791 ;
« Vu le décret du 13 octobre 1863 ;
« Vu l'ordre de la division en date du 26 mars, mettant le département des Bouches-du-Rhône en état de guerre ;
« Considérant qu'en vertu de la loi précitée la garde nationale des places en état de guerre passe sous les ordres exclusifs de l'autorité militaire ;
« Défense absolue est faite à la garde nationale de Marseille de se réunir en armes sans un ordre écrit et positif émané du général commandant la 9ᵉ division militaire ;
« Les contrevenants seront poursuivis conformément aux lois en vigueur, en vertu de l'état de guerre ;
« Les chefs de bataillon, chacun en ce qui le

---

[1] Enquête parlementaire sur les actes du gouvernement de la Défense nationale. — Déposition des témoins, tome II, p. 543.

concerne, sont chargés de l'exécution du présent ordre, dont lecture immédiate sera faite aux officiers des bataillons qu'ils commandent.

« Fait au quartier général, à Aubagne, le 2 avril 1871.

« *Le général commandant la 9ᵉ division militaire,*

« Espivent de la Villesboinet. »

Il est donc bien certain qu'en fait la garde nationale était hors d'état de mettre fin aux troubles, et que, légalement, elle ne pouvait pas même le tenter sans un ordre préalable qu'elle n'a jamais reçu.

Peut-on, dans de telles conditions, lui reprocher sérieusement de n'avoir pas comprimé seule la révolte?

XVII

Nous voici arrivés au terme de l'exposé qu'il était indispensable de faire pour permettre d'apprécier si la loi du 10 vendémiaire an IV a pu être justement appliquée aux événements de Marseille.

Pour que la ville restât chargée de la responsabilité que le Tribunal et la Cour d'appel lui ont imposée, il faudrait qu'il fût possible de répondre affirmativement à ces deux questions :

1° La ville de Marseille pouvait-elle prévenir l'insurrection du 23 mars?

2° Pouvait-elle seule la réprimer?

Nous nous sommes efforcés de démontrer par une relation exacte, impartiale, appuyée sur les documents officiels, que les faits eux-mêmes dictent une réponse négative aux deux questions posées.

Il ne nous reste plus qu'à donner de ces faits un résumé rapide, qui en fera plus nettement ressortir la conclusion.

I. La ville de Marseille n'a pas pu empêcher l'insurrection d'éclater, parce que cette insurrection a été produite par une série de causes complétement étrangères à la ville, auxquelles celle-ci n'a eu aucune part. Ces causes que nous allons rappeler sommairement ont été les suivantes :

1° La désorganisation qui s'était opérée sous la malheureuse administration de M. Esquiros et qui avait abouti à la plus criminelle anarchie; anarchie vaincue d'ailleurs par l'admirable élan de la garde nationale;

2° Les fautes successives commises par le gouvernement ou ses représentants, à un moment où il fallait, au contraire, redoubler de prudence et d'habileté, lorsque la signature du traité de paix et le licenciement de l'armée de Garibaldi ramenaient en grand nombre à Marseille les soldats de l'anarchie; et, parmi ces fautes, la première, qui avait consisté à laisser impunis les auteurs des attentats odieux commis en novembre;

3° La circulaire rédigée par M. Thiers, au lendemain du 18 mars, dans un langage imprudent et maladroit, qui éveilla de si vives susceptibilités et occasionna une si profonde émotion;

4° La fatale manifestation, imaginée par le préfet Cosnier, pour détruire le mauvais effet de la circulaire; le rappel battu dans les rues et l'extrême surexcitation que cette mesure produisit; et surtout l'occasion de s'assembler qu'elle fournit si à propos aux forces de l'insurrection; et ici il convient de rappeler avec quelle vivacité le Conseil municipal s'était opposé à l'exécution du projet conçu par l'amiral-préfet;

5° Et toutes les fautes secondaires de ce malheureux préfet, qui, succédant aux précédentes, rendirent si facile la victoire de l'insurrection; et dont la principale fut de ne prendre, quand il en était temps encore, aucune disposition pour mettre en état de défense la préfecture, qu'il était si aisé pourtant de transformer en forteresse inexpugnable.

II. L'insurrection s'étant rendue maîtresse de la préfecture, la ville pouvait-elle l'en faire sortir et rétablir l'ordre?

Il n'y avait pour cela que deux moyens : les négociations ou la force.

1° Les négociations : c'était là le fait de l'autorité municipale.

Elle a négocié, et quand les rebelles découragés ne demandaient plus pour s'en aller qu'une somme de 4,000 fr., le Conseil municipal, sur l'avis donné par l'honorable président du tribunal civil, a voté cette somme.

Tout allait être fini quand l'arrivée des délégués de la Commune de Paris est venue redonner à l'insurrection la vigueur qui lui échappait, empêcher toute capitulation et préparer une guerre civile désormais inévitable. La municipalité s'est donc trouvée en présence d'une force supérieure qui a rendu impuissants tous ses efforts pour obtenir une solution pacifique.

Rappelons d'ailleurs que si la conduite de l'autorité municipale est répréhensible, s'il y a des illégalités à lui reprocher, la ville, c'est-à-dire la population, la communauté des habitants, n'aura pas à en subir la responsabilité. La communauté ne peut être frappée que si elle est elle-même coupable.

2° La force : devait-elle être employée soit par le pouvoir municipal? soit spontanément par la garde nationale?

Non, car, en fait, on manquait des moyens suffisants, et l'on se serait exposé à une défaite certaine et à des pertes inutiles : ce que l'événement a bien prouvé, puisque, le 4 avril, le général Espivent, disposant de nombreux soldats, n'en a pas moins été obligé d'employer une puissante artillerie et de bombarder la préfecture pendant plusieurs heures.

En droit, et sans parler de l'état de siége précédemment établi, la ville ayant été déclarée en état de guerre dès le 26 mars, à partir de ce moment la garde nationale passait sous le commandement immédiat de l'autorité militaire et ne pouvait plus agir sans un ordre formel du général commandant l'état de guerre, ordre qui ne lui a jamais été donné.

Et maintenant n'avons-nous pas le droit de dire qu'il ressort de cet enchaînement de faits que la ville de Marseille, considérée comme universalité d'habitants, n'a commis aucune faute lors des tristes événements qui l'ont désolée, et partant qu'elle n'a pas pu encourir les peines dont la loi du 10 vendémiaire an IV a frappé les communautés coupables ?

A. RABATAU,
Maire de Marseille.

Ludovic LEGRÉ,
Avocat.

www.ingramcontent.com/pod-product-compliance
Lightning Source LLC
LaVergne TN
LVHW052110090426
835512LV00035B/1491